외국인이 가장 궁금해 하는

우리나라 우리문화
영어로
소개하기

외국인이 가장 궁금해하는
우리나라 우리문화 영어로 소개하기

지은이 민창기
펴낸이 안용백
펴낸곳 (주)도서출판 넥서스

초판 1쇄 발행 2005년 7월 20일
초판 7쇄 발행 2007년 7월 25일

2판 1쇄 인쇄 2008년 4월 10일
2판 1쇄 발행 2008년 4월 15일

출판신고 1992년 4월 3일 제 311-2002-2호
121-840 서울시 마포구 서교동 394-2
Tel (02)330-5500 Fax (02)330-5555

ISBN   978-89-6000-443-6 93740

사진: 한국관광공사, 김치박물관

가격은 뒤표지에 있습니다.

저자와의 협의에 따라서 인지는 붙이지 않습니다.
잘못 만들어진 책은 바꾸어 드립니다.

www.nexusbook.com

외국인이 가장 궁금해 하는

우리나라 우리문화
영어로
소개하기

민창기 지음

넥서스

머리말

불과 20년 전만 해도 길에서 외국인을 보는 것은 흔치 않은 일이었다. 그렇지만 지금은 상황이 많이 달라졌다. 우리나라를 찾는 외국인 관광객도 크게 증가했고, 국제 교류가 늘어나면서 여행이나 비즈니스를 목적으로 한국에 체류하는 외국인도 많아졌다. 이것은 그만큼 그들과 얘기를 나눌 기회도 많아졌다는 것을 뜻한다.

외국인들과 얘기를 할 때 간단한 인사말을 나누고 나면, 더 이상 대화를 이어가지 못하는 경우가 많다. 대부분의 외국인들은 한국이라는 나라에 궁금증을 가지고 있으므로 우리나라에 대한 것은 아주 훌륭한 대화 주제가 된다. 하지만 문제는 영어로 우리나라나 우리문화에 대해 설명하는 일이 그렇게 간단하지 않다는 데 있다. 우리문화에 대해서 무엇을 얘기해줄지 준비가 되어있지 않아서이기도 하고, 그에 적합한 영어표현을 떠올리기 어려워서이기도 하다. 이 책은 이런 분들을 위해 쓰여졌다. 외국인과의 대화에서 할 얘기를 준비하고, 준비된 말을 영어로 표현할 수 있도록 책의 내용과 체계를 구성하였다.

한국에 온 외국인들은 우리나라에 대해 궁금한 것이 많다. 기회가 되면 그들과 한국 음식을 같이 먹고, 구경할 만한 곳을 안내해주며, 기념품이나 선물을 살 곳도 가르쳐주자. 그리고 한국의 전통문화나 역사에 대해 물어보면 쭈뼛거리지 말고 자랑스럽게 영어로 설명해 주면서 그들의 문화나 역사에 대해서도 물어보자. 이렇게 대화를 나누다 보면 외국인 친구가 생길 수도 있고, 업무 수행에 많은 도움이 될 수도 있다. 본서가 이러한 목적에 좋은 지침서가 되기를 바란다.

이 책은 우리 문화를 외국인에게 소개하는 데 필요한 내용을 담고 있다. 외국인 안내 기본회화, 전통음식, 전통문화, 관광지 안내, 쇼핑, 역사 등 총 6장으로 구성돼 있고, 부록에서는 궁금한 표현을 바로 찾아볼 수 있도록 '쉽게 찾는 우리문화 영어 표현'을 본문의 내용에 기초하여 수록하였다. 또한 영어 표현은 가급적 어려운 단어와 구문을 피하고 회화에 직접 응용될 수 있는 것으로 선별하여 집필했다.

본서가 출판되기까지는 여러 사람들의 도움이 필요했다. 우선 출판을 수락하고, 원고에 대해 귀중한 조언을 해준 넥서스 편집부 직원에게 감사드린다. 그리고 집필 과정에서 영어 표현에 대한 조언과 함께 토론에 참여해준 Robert Owen, Colin Longcore, Eric Smith, Todd Fahey, Michen Eileen 등 동료 외국인 교수와 박성순 교수님, 교환학생이었던 Michael Slater와 Ingrid Berthelsen, 관광통역과의 하은정, 박영옥, 장선희 조교, 가천길 대학의 김정아 교수님, 역사 관련 원고에 도움을 주신 박정희 선생님께 심심한 감사의 마음을 전한다. 마지막으로 오랜 친구이며 멀리 떨어져서도 원고를 성실히 검토해준 서울대 언어교육원의 James Kobes 교수와 초고에 대해 귀중한 조언을 해준 아내에게 고마움을 전한다. 이 책을 영어 공부에 한창인 사랑하는 딸 경은이에게 선물하고자 한다.

지세포(知世浦)가 보이는 연구실에서
민 창 기

추천사

우리 고유의 것이 가장 세계적이라는 말이 있다. 지구촌화되어가는 세계에서 고유성이 갖는 중요성을 역설적으로 표현하고 있다. 국제간 교류가 점점 더 확대됨으로써 많은 것이 서로 닮아가겠지만, 서로 다른 것들이 있다. 그것이 바로 문화이다. 많은 외국인들이 우리에게 관심을 갖고 우리나라를 찾는 주된 이유도 이 문화에 있다. 따라서 우리의 문화를 세계적인 시각에서 이해하고, 우리의 독창적인 문화를 외국인에게 이해시키는 것은 우리의 소명이기도 하다. 우리나라를 찾는 모든 외국인들에게 우리는 홍보대사이고, 외국에 나가서도 우리나라를 알리는 민간 외교관이 되어야 한다.

그동안 우리나라를 영어로 소개한 서적들은 많이 있었지만 직접적인 회화에서 활용되기에는 부족함이 많았다. 단어도 어렵고, 문장도 복잡하며, 내용도 난해했다. 민창기 교수의 『우리나라 우리문화 영어로 소개하기』는 이러한 상황에서 매우 환영할 만한 책이다. 민교수의 전문성과 열정을 책의 구석구석에서 읽을 수 있다. 독자의 입장에서 쉽게 학습할 수 있도록 구성되어 있으며, 단어·문장 및 내용의 선택이 탁월하다. 이 책에는 그동안 외국인과 만나 한 번쯤 표현해 보고 싶었던 영어 표현들이 쉬운 문체로 거의 빠짐없이 수록되어 있다. 또한 독자들이 쉽게 접근할 수 있게 주제에 대한 명쾌한 해설을 덧붙였다. 단계적으로 쉬운 영어회화에서 시작하여 점차 난이도를 높여가는 방법이나, 특히 '외국인이 꼭 물어보는 질문 베스트 5'는 우리나라와 우리문화를 소개할 때 어디에 초점을 맞추어야 하는가를 잘 보여주고 있다.

이 책은 관광학도뿐 아니라, 외국인을 자주 접하는 사람들에게 좋은 지침서가 될 것으로 확신한다. 대화에서 자신감을 갖기 위해서는 하고 싶은 얘기가 있어야 하고, 그 내용이 잘 정리되어 있어야 하며, 이를 표현할 수 있는 표현력이 뒷받침되어야 한다. 민교수의 책은 이 세 가지를 갖추는 데 큰 도움이 될 것이 분명하다. 외국인과 자주 만나 대화를 하거나, 외국인에게 우리나라를 알려주고 싶어하는 사람들에게 훌륭한 안내서로 적극 추천하고 싶다.

최 승담
한양대학교 국제관광대학원 원장

Koreans desire to share their country and culture with the ever-increasing number of foreign visitors to Korea; however, Korean professionals sometimes discover that they are not well prepared for these encounters when using the English language. When I first visited Korea, I discovered that conversations with Koreans about their country and culture often could not progress beyond a certain point because of two barriers: language and subject matter.

Even if the people I talked to possessed sufficient English language skills, they still sometimes lacked an awareness of the practical and cultural topics that might be of interest to a foreign visitor. As a result of these twin barriers, Korea faces the growing challenge of training professionals who can effectively convey relevant and interesting information about Korea in English.

Professor Min's text is a response to the growing need for a handbook that serves as both an introduction to natural English language usage and as a source of relevant conversational material. The balanced, user-friendly nature of this guide will appeal to Koreans who have to interact with foreign visitors such as business people, students, government employees and tourism-industry professionals. For Korean professionals, this book will provide a much-needed companion for developing their English language skills and for understanding the concerns of foreign visitors to Korea.

James L. Kobes
Head Instructor
Foreign Language Education Center
Seoul National University

책 구성 들여다보기

외국인들과 무슨 얘기를 할까?

외국인과 함께 얘기 나누기 좋은 30가지 주제를 선정해, 그에 대해 대화하는 방법을 설명하고 대화 예문을 제시했다.

▶ 테이프의 대화를 들으면서 자연스럽게 화제를 꺼내고 이야기를 주도해나가는 방법을 익히고 유용한 대화 표현을 따라 말한다.

외국인이 물어오면 어떻게 대답하지?

각 주제에 대해 외국인이 가장 궁금해 하는 질문 5개를 골랐다. 적어도 이 질문에 대한 대답은 미리 준비해 놓도록 하자.

▶ 테이프에서 외국인 질문이 나오면 실제로 대답하는 것처럼 실감나게 연습해보자. 동일한 상황을 실제로 겪게 되면 주저 없이 대답할 수 있을 것이다.

이 정도 표현은 외워두자!

외국인과 대화할 때 특히 많이 사용하는 패턴이 있다. 다양한 상황에서 응용할 수 있는 기본적이면서도 아주 유용한 패턴들이다.

▶ 테이프를 들으면서 반복해서 따라 말하자. 계속 따라 말하다 보면 패턴이 입에 붙는 순간이 온다!

여기까지 설명하면 그들도 감탄한다!

외국인이 좀더 깊은 질문을 해올 때, 한국 문화를 좀더 자랑하고 싶을 때 사용할 수 있는 소재와 그에 관한 예문을 정리했다.

▶ 예문의 길이가 길어서 어려울 수 있다. 일단 책을 먼저 보면서 예문을 읽고 뜻을 파악한다. 그런 다음 테이프를 들으면서 실제로 외국인들에게 설명하듯이 말하는 연습을 반복한다.

| MP3 파일 다운로드 |

넥서스 홈페이지(www.nexusbook.com)에서 무료로 제공하는 MP3파일을 적극 활용하세요. 듣고 말하는 연습을 꾸준히 해야 실제 상황에서도 당황하지 않고 대화할 수 있습니다.

차례 ᪐᪐᪐᪐᪐᪐᪐᪐᪐᪐᪐᪐᪐᪐᪐᪐᪐᪐᪐᪐᪐᪐᪐᪐᪐᪐᪐᪐᪐᪐

Chapter 1

외국인 안내 기본회화

1. Nice to meet you.
만나서 반가워요.

외국인과 처음 만나서 자연스럽게 인사를 주고 받는 것은 쉬운 것 같으면서도 어렵다. 우리는 대개 간단한 목례와 함께 "안녕하세요?"라고 말하는 데 반해, 영어를 쓰는 사람들은 "안녕하세요. / 만나서 반갑습니다. / 오늘 기분 어떠세요? / 좋습니다. 당신은요? / 아주 좋아요."와 같이 여러 마디의 말을 주고받기 때문이다. 영어에서는 어떤 사람을 처음 만났을 때 상대방의 질문에 답한 후 How about you?(당신은 어때요?)처럼 같은 질문을 상대방에게도 되물어보는 것이 예의바른 대화법이다.

이렇게 인사법이 우리말과 다르다 보니 어색하게 느끼기 쉽지만, 이를 극복해 가는 것이 영어회화를 배우는 과정이다. 외국어가 편해질 때까지 여러 방법으로 꾸준히 노력해야 한다. 이를 위해서는 외국인을 자주 만나는 것이 좋겠지만, 그럴 기회가 적은 경우에는 모델이 될 수 있는 좋은 상황 대화(Situational Dialogues)를 수십 번씩 듣고 소리 내어 읽어서, 어떤 분위기에서도 압도당하지 않고 말할 수 있도록 하는 것이 최선이다.

외국인을 처음 만나는 상황은 친구나 동료로부터 소개를 받는 경우, 공항에 마중을 나가 처음 만난 경우, 관광을 나서기 위해 약속 장소에서 만난 경우 등 여러 상황이 있을 수 있다. 각 상황에 맞는 표현들을 익혀두자.

🗣 Dialogue 1 외국인 친구 소개하기

Nice to meet you.
만나서 반가워요.

Sumi   Good morning, Steve.

Steve   Good morning, Sumi.

Sumi   Let me introduce my friend, Mihyeon.

Steve   How do you do, Mihyeon?

Mihyeon   I'm fine. Nice to meet you.

Steve   Good to meet you, too. I'm Steve Carter.
Please call me Steve.

Mihyeon   OK... Steve.
I heard this is your first trip to Korea.

Steve   Yes, it is.

Mihyeon   Have you seen Seoul yet?

Steve   Not yet. I'm very excited about seeing Seoul.

Mihyeon   There are many interesting places in Seoul.
I think we could visit some places together.

수미	안녕, 스티브.
스티브	안녕, 수미.
수미	내 친구 미현이를 소개할게요.
스티브	안녕하세요, 미현씨?
미현	좋아요. 만나서 반가워요.
스티브	저도 만나서 반가워요. 스티브 카터라고 해요.
	스티브라고 불러주세요.
미현	네… 스티브.
	한국에 처음 오셨다고 들었어요.
스티브	네, 그래요.
미현	서울을 좀 구경하셨나요?
스티브	아직 못 했어요. 서울을 본다고 하니 무척 흥분이 되네요.
미현	서울에는 흥미로운 곳들이 많아요.
	함께 몇 곳을 방문할 수 있을 거예요.

meet 만나다
introduce 소개하다
call 부르다
trip 여행
yet 아직
excited 흥분한
interesting 흥미로운
visit 방문하다
place 장소

Tip   미국 사람들은 성(last name / surname / family name)을 빼고 이름(first name / given name)만 부르는 것을 좋아한다.
상대방이 이름만 불러달라고 하면 그렇게 해주는 것이 좋다.

15

🗣 Dialogue 2 공항에서 맞이하기

You must be Steve Carter.
스티브 카터씨 맞죠?

Steve   Excuse me.

Are you Ms. Kim from Mirae Computer?

Mihyeon   Yes, I am.

You must be Steve Carter.

Steve   Yes, I am. I'm glad to meet you.

Mihyeon   It's good to meet you, too. How are you doing?

Steve   I'm very good. And you?

Mihyeon   I'm pretty good. Thank you.

How was your flight?

Steve   It was a long flight. But I'm O.K. now.

Mihyeon   That's good.

Let's go to your hotel. It's downtown.

Steve   Is the traffic heavy at this time of day?

Mihyeon   I don't think so.

Steve   That would be very nice, then. I'm a bit tired.

스티브	실례합니다.
	미래 컴퓨터에서 나오신 김씨인가요?
미현	네.
	스티브 카터씨 맞죠?
스티브	네. 만나서 반가워요.
미현	저도 만나서 반가워요. 기분은 어떠세요?
스티브	아주 좋아요. 당신은요?
미현	아주 좋아요. 고마워요. 비행기 여행은 어떠셨어요?
스티브	긴 여행이었어요. 그렇지만 지금은 괜찮아요.
미현	다행이네요. 호텔로 가시죠. 시내에 있어요.
스티브	이 시간에는 길이 막히나요?
미현	그렇지 않을 거예요.
스티브	그렇다면 아주 잘됐네요. 조금 피곤하거든요.

must ~임에 틀림이 없다
excuse 용서하다
Ms. Miss, Mrs 대신 쓰는 경칭
glad 기쁜
pretty 꽤, 대단히
flight 비행
downtown 시내(에)
traffic 교통, 통행
heavy (교통 혼잡이) 심한
a bit 약간
tired 지친, 피곤한

🌀 Dialogue 3 약속장소에서 만나기

Is this Steve Carter in Room 107?
107호실 스티브 카터씨 맞나요?

(The telephone rings.)

Mihyeon   Good morning. This is Mihyeon Kim.

Is this Steve Carter in Room 107?

Steve   Yes, Miss Kim. How are you today?

Mihyeon   I'm fine, thanks. How are you?

Steve   I'm very well. Thank you.

Mihyeon   Are you ready to come down? I'm in the hotel lobby now.

Steve   Yes. How will I know you?

Mihyeon   I'm wearing a beige blouse and a red skirt.

I'm standing near the lobby fountain.

* * *

Steve   Good morning. Miss Kim?

Mihyeon   Yes. It's very nice to meet you.

Steve   I'm pleased to meet you, too.

(전화 벨이 울린다.)

미현   안녕하세요. 김미현이에요.

107호실 스티브 카터씨 맞나요?

스티브   네. 안녕하세요?

미현   좋아요. 고마워요. 당신은요?

스티브   아주 좋아요. 고마워요.

미현   내려오실 준비됐어요? 저는 지금 호텔 로비에 있어요.

스티브   네. 어떻게 당신을 알아보죠?

미현   저는 베이지색 블라우스에 빨간색 치마를 입고 있어요.

로비 분수대 옆에 서 있어요.

• • •

스티브   안녕하세요. 미스 김인가요?

미현   네. 만나서 정말 반가워요.

스티브   저도 만나서 기뻐요.

ring 벨이 울리다
• **ready** 준비된
come down 내려오다
lobby 로비
wear 입고 있다, 착용하다
beige 베이지색의
skirt 치마
stand 서 있다
fountain 분수
pleased 기쁜, 만족스러운

Tip 전화통화 시 용건에 들어가기 전에 How are you today?(오늘 기분 어떠세요?)와 같이 간단히 안부 인사를 하는 것이 좋다.

🎧 Dialogue 4 헤어지면서 인사하기

I really enjoyed the tour with you.
당신과의 관광이 정말 즐거웠어요.

Steve Thanks for showing me around today.

Mihyeon It was my pleasure.

I really enjoyed the tour with you.

Steve Me, too. You've been a great guide.

Mihyeon Thank you.

How long are you going to stay in Korea?

Steve A couple of weeks.

I want to see more of Seoul while I'm here.

Mihyeon Please give me a call on my mobile, if you are free.

Steve That's very kind of you.

Mihyeon You're welcome.

Steve Thank you again for today. Goodbye.

Mihyeon Goodbye. I hope to see you again.

스티브	오늘 구경시켜 주셔서 고마웠어요.
미현	저도 즐거웠어요.
	당신과의 관광이 정말 즐거웠어요.
스티브	저도요. 가이드를 정말 잘해주셨어요.
미현	고마워요.
	한국에 얼마나 머무르실 예정이죠?
스티브	2주요. 여기 있는 동안 서울을 좀더 보고 싶어요.
미현	시간이 나면 제 휴대폰으로 연락 주세요.
스티브	참 친절하시네요.
미현	별말씀을요.
스티브	다시 한 번 오늘 고마웠어요. 안녕히 가세요.
미현	안녕히 가세요. 다시 뵙기를 바랄게요.

enjoy 즐기다
tour 관광
show 보여주다
around 주변에, 곳곳에
pleasure 기쁨
guide 안내자, 안내
stay 머물다
a couple of 둘의
while ~하는 동안
a call 전화
mobile 이동전화, 휴대폰

Tip 헤어질 때는 함께해서 즐거웠다고 말하는 것이 가장 무난하다. I enjoyed 다음에는 다음과 같이 동명사나 명사가 따라온다.
I enjoyed being your guide. / I enjoyed serving you. / I enjoyed the time with you.

💬 손쉽게 꺼내 쓰는 활용 만점 패턴

1 Nice to **meet you.** 만나서 반갑습니다.

첫 인사에는 Nice to meet you.가 무난하다. 반면 Good to see you.는 서로 아는 사이에서 쓰인다.

Glad to **meet you.** 만나서 기뻐요.
Pleased to **meet you.** 만나서 기뻐요.
Good to **see you.** 만나서 반가워요.

2 Please call me **Mijoo.** 미주라고 불러주세요.

외국인들은 처음 만났을 때도 성보다 이름을 부르거나 불리는 것을 좋아한다. 자신을 어떻게 불러달라고 할 때는 call이라는 동사를 사용한다.

You can call me **Mijoo.** 미주라고 부르셔도 돼요.
Call me **Mijoo,** please. 미주라고 불러주세요.
I prefer you call me **Mihyeon.** 미현이라고 부르는 게 더 좋아요.

3 Is this your first trip **to Korea?** 한국에 처음 여행 오신 건가요?

어떤 외국인을 우리나라에서 처음 만났을 때 물어볼 수 있는 질문이다.

Is this your first visit **to Seoul?** 서울을 처음 방문하시는 건가요?
Is this your first time **here?** 이곳에 처음 오신 건가요?

4 This is **Mr. Song** from **Global Trading.**
저는 글로벌무역의 미스터 송입니다.

전화로 대화할 때는 먼저 자신을 간단히 소개한다. 이때 1인칭 I 대신 This를 쓰며, 소속이나 출신지를 밝힐 때는 전치사 from을 쓴다.

This is **Miss. Kim** from **Mirae Computer.** 저는 미래컴퓨터의 미스 김입니다.
This is **Mr. Schmidt** from **Germany.** 저는 독일에서 온 슈미트입니다.
My name is **David** from **Pack Software.** 저는 팩소프트웨어의 데이비드입니다.

🌸 외국인이 꼭 물어보는 질문 Best 5

1 How do I say "How are you" in Korean?
한국말로 "How are you?"는 어떻게 말해요?

"안녕하세요?"라고 말해요.	We say "An-nyeong-haseyo?"
상대방도 "안녕하세요?"라고 대답해요.	The other person replies "An-nyeong-haseyo?"
정중한 말로는 "안녕하십니까?"라고 말해요.	In formal speech we would say "An-nyeong-hasipnikka?"

2 How should I pronounce your name?
당신의 이름을 어떻게 발음하죠?

내 이름은 미주예요. '미'는 '도, 레, 미'할 때 '미', '주'는 '줄라이'할 때 '주'라고 말해보세요.	My first name is Mijoo. Say Mi as in "Do, Re, Mi" and Ju as in "July."
성은 김이에요. K-I-M이에요. M은 '메리'라고 할 때 M이에요.	My last name is Kim. That's K-I-M. "M" as in "Mary."
보통 이름은 두 음절, 성은 한 음절이에요.	There are usually two syllables in the first name, and one in the last name.

3 How will I recognize you? (What will you be wearing?)
제가 어떻게 알아보죠? (무엇을 입고 계실 거예요?)

군청색 양복을 입고 있을 거예요.	I'll be in a dark blue suit.

| 안경을 쓰고 가방을 들고 있을 거예요. | I'll be wearing glasses and carrying a briefcase. |
| 로비에 있는 전화박스 옆에 서 있을 거예요. | I'll be standing next to the telephone booth in the lobby. |

4 Won't we get stuck in traffic at this hour?
이 시간에는 교통이 꽉 막히지 않을까요?

그렇지 않아야 할 텐데요.	I hope not.
아뇨. 러시아워는 2시간 후예요.	No. Rush hour is in 2 hours time.
네, 그럴 거예요. 한동안 머무르실 거라면 교통체증에 익숙해지셔야 할 거예요.	Yes, we will. I'm afraid you'll need to get used to it, if you're staying a while.

5 Do you have your business card? 명함 갖고 계세요?

네. 한 장 드릴게요.	Yes, I do. I'll give you one.
아뇨. 종이에다 이름과 연락처를 적어드릴게요.	No, I'm sorry. I'll write my name and contact information on a piece of paper for you.
명함에 휴대폰 번호가 있어요. 언제든지 주저하지 말고 전화 주세요.	There's a mobile number on it. Please feel free to give me a call anytime.

2. Do you like to travel?
여행을 좋아하세요?

처음 만난 외국인과 얘기를 시작하는 것은 어색하고 어려운 일이다. 첫 대화의 주제로는 직업, 고향, 가족, 음식 등이 무난하다. 나이, 결혼여부, 종교, 정치관 등은 상대방을 불쾌하게 하거나 논쟁을 불러일으킬 수 있으므로 피하는 것이 좋다.

일반적으로 처음 외국인을 만나면 서로의 신상 (personal information)에 대해 묻게 되는데, 그냥 묻지만 말고 상대방의 대답 중에서 대화의 소재가 될 만한 것을 찾아서 얘기를 이끌어가는 것이 중요하다.

대화를 계속 이끌어갈 수 있다면 대화의 절반은 성공한 것이다.

외국인들은 처음 사람을 만났을 때 상대가 누구이든 즐겨 말하는 공통의 대화 주제가 있다. 그것이 무엇인지 알 수 있다면 대화에 많은 도움이 될 것이다. 이것을 외국인들은 Ice Breaker라고 한다. 우리말로 표현하면 '얼음같이 찬 긴장감이나 서먹함을 푸는 말' 정도가 되는데, 여기에는 날씨와 같이 누구나 관심을 갖는 주제가 포함된다.

특히 한국을 방문한 외국인은 여행을 좋아하는 사람일 확률이 높으므로 여행에 대해 충분히 얘기할 수 있도록 준비해 놓는 것이 좋다. 여행은 또한 개인적인 취미와 밀접한 연관이 있으므로 다른 취미는 무엇인지도 물을 수 있고, 자신의 취미는 무엇인지 말하면서 대화를 이끌어갈 수 있을 것이다.

🗣 Dialogue 1 여행에 대해 대화하기

Do you like to travel?
여행을 좋아하세요?

Mihyeon   Do you like to travel?

Steve   Yes, I do. I really like traveling.

Mihyeon   How often do you make a trip outside of your country?

Steve   Once every two months on business.

Mihyeon   That's a lot of traveling.

Steve   Do you like traveling, too?

Mihyeon   Definitely. I'm very interested in going to new places.
Where do you want to visit while you're here?

Steve   Well...

Mihyeon   Would you like to visit some old palaces in Seoul with me?

Steve   That's great.
Oh, I just thought of one thing I'd really like to do.

Mihyeon   What's that?

Steve   I've always wanted to visit Gyeongju.

미현	여행을 좋아하세요?	**travel** v. 여행하다 n. 여행
스티브	네. 여행을 정말 좋아해요.	**outside** 밖으로, 밖의, 외부
미현	얼마나 자주 해외여행을 하세요?	**once** 한 번
스티브	업무차 두 달에 한 번 정도요.	**every** ~마다
미현	자주 하시네요.	**on business** 업무차, 사업상
스티브	당신도 여행을 좋아하세요?	**a lot of** 많은
미현	그럼요. 새로운 곳에 가보는 것을 정말 좋아해요.	**definitely** 명확히, 분명히
	여기 머무는 동안 어디를 가보고 싶으세요?	**be interested in** ~에 관심이 있다
스티브	글쎄요···.	**palace** 궁전
미현	저하고 서울에 있는 고궁에 가보실래요?	**thought** think(생각하다)의 과거형
스티브	좋아요. 아, 정말로 하고 싶은 일이 하나 떠올랐어요.	
미현	그게 뭔데요?	
스티브	저는 항상 경주에 가보고 싶었어요.	

Tip 외국인과 대화할 때 여행에 대한 얘기를 해보자. 특히 안내를 위해 만났을 때에는 자신도 여행을 매우 좋아한다고 말해 보자. 이렇게 말하면 상대방은 함께 관광하는 것에 부담을 느끼지 않고 더욱 즐거워할 것이며, 자연스러운 대화에 큰 도움이 될 것이다.

🗣 Dialogue 2 신상에 대해 대화하기

What do you do there?
그곳에서 무슨 일을 하세요?

Mihyeon   You're with Max Electronics.

  What do you do there?

Steve   I'm in charge of sales in the Asian region.

  How about you?

Mihyeon   I work in the marketing department.

  By the way, what part of the States are you from?

Steve   Seattle, Washington. Do you know it?

Mihyeon   Yes. Actually I've visited Seattle twice.

  I took a cruise tour of the bay. It's a really beautiful city.

Steve   Yes, I agree.

Mihyeon   Maybe we could have a cup of coffee together sometime.

  How can I contact you?

Steve   Just e-mail me.

  My address is CARTERS at hotmail dot com.

미현	맥스전자에서 일하시죠.
	그곳에서 무슨 일을 하세요?
스티브	아시아 지역 판매를 담당하고 있어요. 당신은요?
미현	마케팅부서에서 일해요.
	그런데 미국 어디에서 오셨어요?
스티브	워싱턴주 시애틀이요. 그곳을 아세요?
미현	네. 사실 시애틀은 두 번 방문한 적이 있어요.
	만에서 크루즈여행을 해봤어요. 정말 아름다운 도시더군요.
스티브	네, 저도 그렇게 생각해요.
미현	언제 커피나 한 잔 같이 하죠.
	어떻게 연락 드릴 수 있을까요?
스티브	이메일을 주세요.
	제 주소는 CARTERS@hotmail.com이에요.

electronics 전자기기
be in charge of ~을 담당하고 있는
region 지역
marketing 마케팅
department 부서
by the way 그런데
actually 사실은
twice 두 번
cruise 크루즈여행, 유람항해
bay 만(灣)
agree 동의하다
maybe 아마
contact 접촉(하다)
address 주소

Tip 외국인들은 질문에 대해 답하고 되묻기를 좋아한다. 우리가 대화할 때 답변만 하고 질문을 하지 않는다면, 대화 속도는 급속히 떨어질 것이다. 외국인의 대화습관에 따라 말을 주고받을 수 있도록 노력하는 것이 영어회화를 잘하는 방법이다.

🗣 Dialogue 3 날씨에 대해 대화하기

How's the weather in your country?
당신 나라는 날씨가 어때요?

Steve   What's the weather like today?

Mihyeon   We'll have rain this afternoon. We're in the rainy season now.
How's the weather in your country?

Steve   It's usually sunny and mild at this time of year.
People like to go outside to enjoy the sunny weather.

Mihyeon   Is there rainy season in your country?

Steve   Yes. It's during winter. We have a lot of rain then.
Anyway what's the weather forecast for tomorrow?
Is it going to rain?

Mihyeon   No, I don't think so.
The weatherman says it will clear up tomorrow.
It'll be as high as 30 degrees Celsius in the afternoon.

Steve   Then I need to wear light clothing.

Mihyeon   I think so.
It will be hot and humid.

스티브	오늘 날씨가 어때요?
미현	오후에 비가 올 거예요. 지금은 장마철이에요.
	당신 나라는 날씨가 어때요?
스티브	해마다 이맘때면 날씨가 보통 화창하고 온화해요.
	사람들은 화창한 날씨를 즐기러 밖에 나가기를 좋아하죠.
미현	당신 나라에도 우기가 있어요?
스티브	네. 겨울 동안이에요. 그때는 비가 많이 와요.
	그런데 내일 일기예보는 어때요? 비가 올까요?
미현	아뇨. 그렇지 않을 것 같아요.
	기상예보관이 내일은 날씨가 갠다고 해요.
	오후에는 기온이 섭씨 30도까지 올라갈 거예요.
스티브	그러면 가벼운 옷을 입어야겠네요.
미현	그래요.
	덥고 습한 날이 될 거예요.

weather 날씨
rainy 비가 많은, 비가 오는
season 계절
sunny 햇빛 밝은, 맑은
mild 온화한
during ~ 동안
forecast 예보
weatherman 기상예보관
clear up (날씨가) 개다
Celsius 섭씨
light 가벼운
clothing 옷, 의복
humid 습기 찬, 습한

🔊 Dialogue 4 음식에 대해 대화하기

There are many dishes which are not spicy.
맵지 않은 음식도 많아요.

Steve	I heard that Korean food is a little spicy.
Mihyeon	Yes, it is.
	But there are many dishes which are not spicy.
Steve	What's the difference between Korean and Japanese food?
Mihyeon	We use more vegetables than the Japanese do.
Steve	How about Chinese food?
Mihyeon	Korean food is not as oily as Chinese food.
Steve	Have you ever tried Thai food?
Mihyeon	No, I haven't. How is it?
Steve	It's very spicy. What is the best known Korean dish?
Mihyeon	*Kimchi*, I think. It's a side dish made from vegetables.
	If you want to make Korean friends, simply try eating *kimchi* with them.
Steve	O.K. I'll give it a try later.

스티브	한국 음식이 좀 맵다고 들었어요.	**dish** 요리
미현	네, 그래요.	**spicy** 매운
	그렇지만 맵지 않은 음식도 많아요.	**difference** 차이
스티브	한국 음식과 일본 음식의 차이점이 무엇이죠?	**Japanese** 일본의
미현	우리는 일본 음식보다 야채를 더 많이 사용해요.	**vegetable** 채소
스티브	중국 음식하고는 어때요?	**Chinese** 중국의
미현	한국 음식은 중국 음식만큼 기름지지 않아요.	**oily** 기름진
스티브	태국 음식 먹어봤어요?	**try** 시도(하다)
미현	아뇨, 아직 안 먹어봤어요. 태국 음식은 어때요?	**known** know의 과거분사
스티브	아주 매워요. 한국 음식 중에 가장 잘 알려진 음식이 무엇이죠?	**side dish** 반찬
미현	김치라고 생각해요. 야채로 만든 반찬이에요.	**simply** 단순히
	만약 한국 친구를 사귀고 싶다면, 그들과 함께 김치를 한번 먹어보세요.	**give it a try** 시도해 보다, 먹어보다
스티브	알았어요. 나중에 한번 먹어볼게요.	**later** 나중에

> **Tip** '맵다'는 뜻의 영어 단어는 hot과 spicy가 있다. 우리나라 음식은 고춧가루 등 양념이 많이 들어가서 매운 것이기 때문에 spicy가 더 적절한 말이다. 태국이나 인도 음식에도 spicy가 일반적으로 쓰이며, hot은 멕시코 음식을 말할 때 주로 쓰인다.

🗣 손쉽게 꺼내 쓰는 활용 만점 패턴

1   I'm with Max Electronics. 저는 맥스전자에서 일해요.

자신의 직장에 대해 말하거나 상대방의 직장 또는 직업을 물어볼 때 쓸 수 있는 표현을 익혀두자.

Do you work for Global Trading? 글로벌무역에서 일하세요?
She works at a department store. 그녀는 백화점에서 일해요.
He is in the construction business. 그는 건설업에 종사하고 있어요.

2   I'm in charge of sales in the Asian region.
저는 아시아 지역의 판매를 담당해요.

직장에서 무엇을 담당하는지 말할 때 쓸 수 있는 다양한 표현을 알아두자.

I'm in the marketing department. 저는 마케팅부서에 있어요.
I'm involved in public relations. 저는 홍보와 관련된 일을 해요.
I'm a salesman. 나는 영업사원이에요.

3   What's the weather like today? 오늘 날씨가 어때요?

오늘, 내일, 주말의 날씨 등을 물어볼 때 쓸 수 있는 표현이다.

What's the weather going to be like tomorrow? 내일 날씨가 어떨까요?
What's the weather forecast for the weekend? 주말 일기예보는 어때요?
What'll the weather be like next week? 다음 주는 날씨가 어떨까요?

4   Korean food isn't as oily as Chinese food.
한국 음식은 중국 음식만큼 기름지지 않아요.

비교 구문을 사용해서 우리나라 음식을 다른 나라 음식과 비교해서 설명해 주면 보다 쉽게 이해할 수 있을 것이다.

Korean food is sometimes as spicy as Mexican food.
한국 음식은 가끔 멕시코 음식만큼 매워요.
Korean food is less mild than Japanese food. 한국 음식은 일본 음식보다 덜 순해요.
We use more vegetables than the Japanese. 우리는 일본 사람들보다 야채를 더 많이 써요.

🗣 외국인이 꼭 물어보는 질문 Best 5

1 What's the weather like in Korea?
한국의 날씨는 어때요?

뚜렷이 구별되는 4계절이 있어요.	There are four distinctive seasons.
봄과 가을은 여름과 겨울에 비해 상대적으로 짧아요.	The spring and fall are relatively shorter than the summer and winter.
7월에 장마(우기)가 있어요.	We have rainy season in July.

2 Is it easy to learn how to speak Korean?
한국어로 말하기를 배우는 것은 쉬운가요?

관심을 갖기는 쉽지만 마스터하기는 좀 어려울 거예요.	It's easy to take an interest in it, but it's a little difficult to master it.
공부하는 데 얼마만큼 시간을 낼 수 있는가에 달려 있어요.	It depends on how much time you're prepared to study.
한글 자모의 24개 글자를 배울 수 있으면, 한국어를 읽을 수 있어요.	If you can learn the twenty four letters in the Korean alphabet, you can read Korean.

3 Can you tell me about tipping in Korea?
한국에서 팁을 어떻게 주는지 말해 줄 수 있어요?

우리는 보통 식당에서 팁을 안 줘요.	We usually don't tip in restaurants.

| 호텔에서는 봉사료가 계산서에 포함되어 나와요. | At the hotels, service charges are included in your bill. |
| 일부 호텔에서는 미국에서와 같이 팁을 줘요. | At some hotels, you're expected to tip like you do in the U.S. |

4 Where can I change some dollars?
어디서 달러를 바꿀 수 있을까요?

은행에서 바꿀 수 있어요. 1달러에 1,000원 정도 해요.	You can change them at a bank. It's about 1,000 won to a U.S. dollar.
만약 바쁘면 공항에서 바꿀 수 있어요. 그렇지만 환율이 낮아요.	If you're in a hurry, you may exchange them at the airport. However, the rates are poor.
이태원에 환전소가 많이 있어요.	There are many exchange shops in Itaewon.

5 Is it easy to find a good western restaurant in Korea? 한국에서 좋은 양식당을 찾을 수 있나요?

대도시에 좋은 양식당이 많이 있어요.	There are many in the big cities.
어떤 음식을 원하는가에 따라 달라요.	It depends on the type of food you want.
도시에는 햄버거와 피자를 파는 곳이 많이 있어요.	There are many hamburger and pizza places in cities.

3. Where would you like to go today?
오늘 어디 가고 싶어요?

관광에 대해 대화를 할 때는 먼저 한국에 대해 얼마만큼 알고 왔는지, 한국 방문이 처음인지, 시간은 어느 정도 있는지를 알아본 후 그에 맞게 여행계획(travel plans)을 짜고 가볼 만한 곳을 추천해 줄 수 있을 것이다.

함께 관광을 나서면 목적지로 가는 도중에 이것저것 설명을 해야 할 경우가 생긴다. 걸어서 갈 때뿐 아니라 차나 버스를 타고 갈 때는 어떻게 설명을 하고, 목적지에 도달해서는 어떻게 설명을 해야 하는지, 각각의 경우에 필요한 영어표현을 잘 알아두도록 하자.

관광은 구경뿐 아니라 먹고, 자고, 쇼핑하고, 노는 것을 모두 포함한다. 이에 대해 적절히 조언해 줄 수 있는 말들을 준비해 놓도록 하자. 예를 들어 한국에서는 혼자 여행해도 안전하다는 것, 밤에 돌아다녀도 그리 위험하지 않다는 것, 모조품과 같은 수입금지 품목은 세관에서 압수당할 수 있다는 것(Fake items can be confiscated at the customs.) 등을 말해주고, 쇼핑할 때 물건과 장소에 따라 알고 가야 할 것들을 알려주면 큰 도움이 될 것이다.

특히 한국은 어디나 대중교통(public transportation)이 잘 발달되어 있어 여행에 큰 불편이 없으며, 숙박시설은 호텔 외에 여관, 콘도, 민박, 펜션 등이 있다고 조언해 주자. 또한 온돌방에 누워서 자는 것이 싫으면 침대 있는 방을 달라고 하면 된다고도 알려주자.

🌸 Dialogue 1 관광 일정 세우기

Where would you like to go today?
오늘 어디 가고 싶어요?

Mihyeon	Where would you like to go today?
Steve	I have no idea. It's your call.
Mihyeon	Well, let's go to Namsan tower first. It's near here.
Steve	Can I see the city of Seoul from the tower?
Mihyeon	Yes, you can enjoy a superb view of downtown Seoul. We could also have lunch at the tower, if you like.
Steve	That would be nice.
Mihyeon	Would you like to go shopping?
Steve	That sounds wonderful.
Mihyeon	Then after lunch, we'll go to Insadong street where traditional goods are sold.
Steve	Any plans for tonight?
Mihyeon	Are you interested in taking a night tour of Seoul?
Steve	I'd like to. How long will it take?
Mihyeon	About 2 hours.

미현	오늘 어디 가고 싶어요?
스티브	모르겠어요. 당신이 결정하세요.
미현	그럼, 남산타워에 먼저 가보죠. 여기서 가까워요.
스티브	타워에서 서울시를 볼 수 있나요?
미현	네, 서울 시내의 멋진 전망을 즐길 수 있어요. 만약 좋다면 타워에서 점심을 먹을 수도 있어요.
스티브	좋겠네요.
미현	쇼핑할 마음은 있으세요?
스티브	그거 좋네요.
미현	그러면 점심식사 후에 전통상품을 파는 인사동에 가요.
스티브	저녁에는 무슨 계획 없어요?
미현	서울 야간관광을 할 생각이 있나요?
스티브	하고 싶어요. 얼마나 걸리죠?
미현	약 2시간 정도요.

call (심판의) 판정
tower 타워, 망루
first 우선, 먼저
superb 훌륭한
view 전망
shopping 쇼핑
sound ~처럼 들리다
traditional 전통적인
goods 상품
sold sell(팔다)의 과거, 과거분사
plan 계획
night tour 야간관광

31

🌸 Dialogue 2 관광지 안내하기

Look at the bridge on the right.
오른쪽의 저 다리를 보세요.

Mihyeon Crossing the bridge, we're entering Geoje Island.

Look at the bridge on the right.

Steve What's that?

Mihyeon It's the old bridge.

Because the traffic had increased, this new bridge was built recently.

Can you see the white building ahead of us on the right?

Steve It's beautiful. What is it?

Mihyeon It's a restaurant. They serve western food, coffee and snacks.

Would you like to stop by?

Steve Sure.

I'd like to have a cup of coffee and get some rest.

Mihyeon That's a good idea.

The view from the restaurant is fantastic.

미현	이 다리를 건너면 우리는 거제도에 들어가는 거예요.
	오른쪽의 저 다리를 보세요.
스티브	뭔데요?
미현	오래된 다리예요.
	교통량이 증가하면서 이 새 다리가 최근에 세워졌어요.
	앞에 오른쪽으로 하얀 건물이 보이죠?
스티브	아름답네요. 뭐예요?
미현	식당이에요. 서양 음식과 커피, 스낵을 팔아요.
	잠깐 들를까요?
스티브	네, 좋아요.
	커피도 한 잔 하고 좀 쉬고 싶어요.
미현	좋은 생각이에요.
	식당에서 보는 경치가 환상적이에요.

bridge 다리
cross 건너다
enter 들어가다
island 섬
increase 증가하다
recently 최근에
ahead of ~의 앞쪽에
serve (음식을) 제공하다
stop by 잠시 들르다
rest 휴식
fantastic 환상적인

Tip 관광지로 이동하면서 주변에 보이는 것을 설명해야 하는 경우가 많다. 이때 '오른쪽을 보시면 / 왼쪽을 보시면 / 앞 쪽을 보시면' (If you look on your right / on your left / ahead of you) 등과 같은 표현을 쓴다. 효과적인 안내를 위해 이러한 표현들을 잘 익혀두자.

🗨 Dialogue 3 교통에 대해 조언하기

I'd advise you to use public transportation.
대중교통을 이용하시라고 조언하고 싶네요.

Steve   I'm going to explore the city myself today.

Can you give me some tips?

Mihyeon   Yes. You'll be glad to know it's quite safe.

Are you going to walk?

Steve   I don't think so.

Mihyeon   Where are you planning to go?

Steve   I'd like to visit an old palace first.

After that I'll go someplace in the Sinchon area.

Mihyeon   I'd advise you to use public transportation.

It's cheap and convenient.

Steve   Good idea.

Is it safe to walk around there at night?

Mihyeon   Yes, it is.

Good luck with your adventure.

스티브	오늘은 혼자 이 도시를 탐험해 보려고 해요.
	조언 좀 해주실 수 있어요?
미현	네. 다행히도 매우 안전한 곳이에요.
	걸어서 다니실 건가요?
스티브	아뇨.
미현	어디를 가실 계획인데요?
스티브	먼저 고궁을 방문하고 싶어요.
	그러고 나서 신촌 지역이나 가볼까 해요.
미현	대중교통을 이용하라고 조언하고 싶네요.
	값도 싸고 편리해요.
스티브	좋은 생각이네요.
	그곳에서는 밤에 걸어 다녀도 안전한가요?
미현	네.
	당신의 모험에 행운을 빌어요.

advise 충고하다
use 이용하다
public 대중의
transportation 교통기관
explore 탐험하다
tip (작지만 유용한) 조언
quite 매우
safe 안전한
ride *n.* 타기 *v.* 타다
area 지역
cheap 값이 싼
convenient 편리한
at night 밤에
adventure 모험

🗣 Dialogue 4 숙박에 대해 조언하기

Yeogwans are good value.
여관이 가격도 적절하고 좋아요.

Steve   Are there reasonable accommodations?

Mihyeon   Yes. There are motels, youth hostels and homestays.

Steve   What do you recommend?

Mihyeon   I'd recommend a *yeogwan*. It's like a motel.

Steve   Can you tell me a little more about *yeogwans*?

Mihyeon   They're the most popular type of accommodation in Korea.
Yeogwans are good value.

Steve   Do they have basic amenities?
I mean beds, closets and showers.

Mihyeon   Of course. Usually a TV and telephone, too.

Steve   That's good.

Mihyeon   But make sure to check the room before you pay. Some rooms just have cushioned mats on the floor to sleep on.

Steve   Thanks for your advice. I think I'll try one.

스티브	적당한 가격의 숙박시설이 있을까요?
미현	네. 모텔, 유스호스텔, 홈스테이 등이 있어요.
스티브	무엇을 추천하시겠어요?
미현	여관을 추천하겠어요. 모텔과 같은 거예요.
스티브	여관에 대해 좀더 설명해 주시겠어요?
미현	여관은 한국에서 가장 일반적인 숙박형태예요. 가격도 적절하고 좋아요.
스티브	기본적인 편의시설은 갖추고 있나요? 침대, 옷장, 샤워시설 같은 것 말이에요.
미현	물론이죠. 보통 TV와 전화도 있어요.
스티브	좋네요.
미현	그렇지만 값을 치르기 전에 반드시 방을 한번 체크해 보세요. 어떤 방은 바닥에 푹신한 매트만 깔아서 잠을 잘 수 있게 해놓은 경우도 있거든요.
스티브	조언 고마워요. 한번 이용해 봐야겠네요.

value 가치, 값, 돈 들인 대가
reasonable (값이) 적당한
accommodations 숙박시설
recommend 추천하다
most 가장
popular 보편적인, 인기 있는
type 유형
amenities 편의시설, 오락시설
closet 옷장
make sure to 반드시 ~하다
check 점검하다
cushioned 푹신한
mat 깔개, 까는 것
floor 마루, 바닥
sleep 잠자다

🌸 손쉽게 꺼내 쓰는 활용 만점 패턴

1 Crossing the bridge, we're entering Goeje Island.
이 다리를 건너면 거제도예요.

동시에, 혹은 이어서 일어나는 두 가지 상황을 함께 표현할 때는 분사구문을 활용해 보자.

Going up the hill, **look to your left.** 언덕을 올라가면서 왼쪽을 보세요.
Getting on the bus, **watch your step.** 버스에 올라탈 때, 발을 조심하세요.
Leaving the bus, **be sure to check your card again.**
버스에서 내리면서 반드시 카드를 다시 체크하세요.

2 If you look to your right, you can see a bridge.
오른쪽을 보면 다리가 있을 거예요.

Look ahead of you, **you'll see the bay.** 앞을 보면 만이 보일 거예요.
Look across the river **at that tall building.** 강을 가로질러 저 높은 건물을 보세요.
Coming up on your left **is the Folk Museum.** 다음에 왼쪽으로 민속박물관이 있을 거예요

3 It depends on where you go. 어디를 가느냐에 따라 달라요.

관광에 대해 얘기하다 보면 상황에 따라 일정이 바뀌거나 다른 조언을 해줘야 할 때가 있다. 이때는 보통 depend on(~에 달려 있다)이라는 숙어가 유용하다.

That depends on **what you buy.** 무엇을 사느냐에 따라 달라요.
It depends on **how long you're staying here.** 여기에 얼마나 머무느냐에 따라 달라요.
Tomorrow's schedule depends on **the weather.** 내일 일정은 날씨에 따라 달라요.

4 That sounds good. 좋은 것 같아요.

상대방의 얘기를 듣고 또는 주변의 상황으로 판단하여 '~한 것 같다'라고 말할 때 쓰이는 다양한 표현들을 익혀두자.

Sounds like **it's an interesting place to visit.** 들어보니 방문할 만한 곳 같네요.
Looks like **you need some rest.** 당신은 휴식이 좀 필요한 것 같아요.
Seems like **it's going to rain.** 곧 비가 올 것 같아요.

외국인이 꼭 물어보는 질문 Best 5

1 I'd like to see the D.M.Z. How can I find a tour package? 비무장지대를 보고 싶어요. 여행상품을 어떻게 찾을 수 있을까요?

이태원에서 떠나는 투어가 있어요. 그렇지만 예약을 하셔야 할 거예요.
There's a tour that leaves from Itaewon. You'll need to make a reservation, though.

투어를 예약하시려면 여행사에 연락해 보세요.
You can contact travel agencies to book a tour.

판문점이라고 하는 공동경비구역에서의 안내관광도 찾을 수 있을 거예요. 여행사에 시간과 요금을 알아보세요.
You can also find a guided tour in the joint security area called Panmunjeom. Check it with a travel agency for times and rates.

2 Where can I buy some film for my camera?
카메라 필름을 어디서 살 수 있죠?

편의점이나 사진관에서 살 수 있어요.
You can get some at a convenience store or at a photo studio.

많은 호텔의 선물가게도 필름을 갖고 있어요.
Many hotel gift shops have film available, too.

관광지에서 사면, 보통 돈을 훨씬 많이 지불해요.
If you buy it at a sightseeing place, you usually pay a lot more.

3 Can I bargain with sellers? 값을 흥정할 수 있어요?

백화점에서는 값을 흥정할 수 없어요. 정찰제로 판매하거든요.
You can't bargain at a department store. They sell at a fixed price.

그렇지만 노점상이나 작은 소매
점에서는 흥정할 필요가 있을지
도 몰라요.

You may need to bargain with street
vendors or at small retail stores, though.

나전칠기나 도자기 등을 산다면 가
격을 협상할 필요가 있을 거예요.

If you buy lacquerware or pottery, you
need to negotiate the price.

4 I'd like to rent a car. Which model do you recommend? 차를 렌트하고 싶어요. 어떤 모델을 추천하시겠어요?

어떤 유형의 차를 원하세요?

What type of car do you want?

혼자 운전하실 거면 아반떼나 라세
티와 같은 작은 차를 권하겠어요.

If you are driving alone, I'd recommend
a compact car like Avante or Lacetti.

스탠더드급으로는 EF소나타나
SM5와 같은 좋은 차들이 있어요.

There are some good cars in the standard
class like the EF Sonata and the SM5.

5 Do you know of any good place to stay the night? 하룻밤 잘 수 있는 좋은 장소를 알고 있어요?

어떤 유형의 숙박시설을 원해
요?

What type of accommodation do you
want?

얼마만큼 돈을 쓰느냐에 달렸어
요.

It depends on how much you want to
spend.

여관을 추천하겠어요. 만약 방바
닥에서 자는 게 싫으면 침대방을
요청하세요.

I'd recommend a *yeogwan*. Ask for a
room with a bed if you don't like sleeping
on the floor.

4. Take the Green Line to City Hall.
녹색선을 타고 시청까지 가세요.

외국인들은 지리를 잘 모르기 때문에 길을 많이 물어본다. 건물 안에서 화장실이 어디 있는지 묻기도 하고, 길거리에서 길을 물어 보기도 한다. 외국인이 갑자기 길을 물어보면 당황스럽지만, 길을 안내하는 요령과 길을 안내하는 데 필요한 동사와 전치사를 잘 알고 있으면 그리 어렵지 않다. 먼저 대략 어느 정도의 거리인지 말해 주고, 가는 방향을 단계적으로 일러주고 난 후, 마지막으로 어느 쪽에 있다고 말하면 된다. 이런 기본 틀을 염두에 두고 몇 가지 대표적인 상황을 잘 익혀두면 길을 안내하는 데 자신감을 가질 수 있을 것이다.

길 안내는 크게 건물 안에서 하는 경우와 건물 밖에서 하는 경우로 나눌 수 있다. 먼저 건물 안에서는 몇 층에 있으며, 엘리베이터나 계단을 이용해 그곳까지 올라간 후, 오른쪽이나 왼쪽으로 돌아가면(turn right/left), 찾는 곳이 당신의 오른편이나 왼편에(on your right/left) 있다고 말해 줄 수 있다.

건물 밖의 상황도 건물 안에서 안내하는 방법과 크게 다르지 않다. 그렇지만 거리가 좀 먼 경우도 있고, 지도를 보거나 지도를 그려가면서(draw a map) 설명해야 하는 경우도 있다. 또한 걸어서 가기 어려운 곳은 버스나 택시를 이용해서 길을 가르쳐주기도 하고, 지하철 안에서 길을 안내하는 경우도 있다. 각 상황에서 필요한 표현들을 잘 알아두자.

💬 Dialogue 1 지하철 안내하기

Take the Green Line to City Hall.
녹색선을 타고 시청까지 가세요.

Tourist Excuse me. Can you tell me how to get to the Royal Shrine?

Mihyeon Of course.

Take the Green Line to City Hall. It's about 5 stations from here.

Then change trains to the Red Line at the City Hall station. It's only two stops from there.

Get off at Jongro Sam-ga station. Sam means three in Korean.

Tourist Is the Royal Shrine near the station?

Mihyeon Yes, it is. Take the Jongmyo Exit.

Then walk straight when you leave the exit.

There's a big park on your left. The shrine is inside the park.

Tourist Great. Thank you very much.

관광객	실례합니다. 종묘에 어떻게 가는지 가르쳐주실 수 있어요?
미현	물론이죠. 녹색선을 타고 시청까지 가세요. 여기서 대략 다섯 정거장이에요.
	그러고 나서 시청에서 적색선으로 갈아타세요.
	그곳에서 두 정거장밖에 안 돼요.
	종로3가역에서 내리세요. '삼'은 한국말로 '3'이라는 뜻이에요.
관광객	종묘가 역에서 가까워요?
미현	네. 종묘 출구로 나가세요.
	그리고 출구를 나가서 똑바로 걸어가세요.
	왼편에 큰 공원이 있을 거예요. 사당은 그 공원 안에 있어요.
관광객	알겠습니다. 정말 감사합니다.

take 타다
city hall 시청
royal 국왕의
shrine 사당
station 역
change 갈아타다, 바꾸다
stop 정거장
get off (차에서) 내리다
mean 의미하다
exit 출구
straight 똑바로, 곧바로
leave ~을 떠나다
park 공원
inside ~ 안에

🗨 Dialogue 2 길 안내하기

Go straight until you get to an intersection.
교차로까지 곧바로 가세요.

Tourist Excuse me. Is there a bank around here?
I need to change some money.

Mihyeon Sure. It's a little far from here, though.
Go straight until you get to an intersection.
Then turn to the right and cross the street.
Walk one block from there. It's at the end of the block.

Tourist Let me see if I've got that.
Go straight. Turn right at the intersection. Then walk one block?

Mihyeon That's right.
There's a McDonald's on the way to the bank.
It's easy to find. You can't miss it.

Tourist How long will it take?

Mihyeon About seven minutes. It's a rather long block.

Tourist Thanks a lot.

관광객	실례합니다. 이 근처에 은행이 있나요? 돈을 좀 바꿔야 하는데요.	**until** ~까지
미현	네. 그런데 여기서 좀 멀어요. 교차로까지 곧바로 가세요. 그리고 오른쪽으로 돌아서 길을 건너세요. 거기서 한 블록 걸어가세요. 은행은 그 블록의 끝에 있어요.	**intersection** 교차로 **bank** 은행 **though** 그렇지만 **turn** (~쪽으로) 돌다 **cross** 건너다
관광객	제대로 알아들었는지 한번 볼게요. 곧바로 가서. 교차로에서 오른쪽으로. 그리고 한 블록 걸어가요?	**block** 블록, 한 구획 **at the end of** ~의 끝에 **on the way** 가는 길에
미현	맞아요. 가는 길에 맥도날드가 있어요. 찾기 쉬워요. 그냥 지나칠 수 없을 거예요.	**find** 찾다 **miss** 놓치다
관광객	얼마나 걸리죠?	**take** 시간이 걸리다
미현	약 7분 정도요. 한 블록이 좀 긴 편이에요.	**rather** 약간
관광객	정말 고맙습니다.	

🗣 Dialogue 3 버스 안내하기

You need to take a blue bus.
청색 버스를 타야 해요.

Tourist Where's a bus stop around here?

Mihyeon Walk down to the intersection and turn right.

It's only 100 meters from there.

Where are you going?

Tourist I'm going to the Dongdaemun Market.

Mihyeon You need to take a blue bus going to Cheongryangri.

Change buses there and go to the market.

Tourist How much is the fare?

Mihyeon It's about one thousand won.

Do you have a public transportation card?

Tourist No, I don't. What's that?

Mihyeon You use it for paying bus and subway fares.

Tourist Where can I get it?

Mihyeon You can buy one at the bus stop.

관광객	이 근처에 버스정류장이 어디 있어요?
미현	교차로까지 가서 우회전하세요.
	거기서 100미터밖에 안 돼요.
	어디를 가시죠?
관광객	동대문시장에 가려고 해요.
미현	청색 버스를 타고 청량리까지 가세요.
	그곳에서 버스를 갈아타고 시장까지 가세요.
관광객	요금은 얼마예요?
미현	약 1,000원 정도예요.
	교통카드 있으세요?
관광객	아뇨. 그게 뭔데요?
미현	버스나 지하철 요금을 내는 데 쓰는 거예요.
관광객	어디서 살 수 있죠?
미현	버스정류장에서 살 수 있어요.

bus stop 버스정류장
walk down 걸어 내려가다
only 오직, 단지
change (버스 등을) 갈아타다
market 시장
fare 승차 요금
public 공공의
transportation 교통
subway 지하철
get 얻다, 사다
buy 사다

🌸 Dialogue 4 건물 안에서 안내하기

Then walk along the corridor.
그런 다음 복도를 따라 가세요.

Tourist Excuse me, where's the Korean restaurant in this hotel?

Mihyeon It's on the tenth floor.

Take the elevator, and turn right when you get out.

Then walk along the corridor.

It's on the left next to the Chinese restaurant.

Tourist Thank you.

Mihyeon You're welcome.

Tourist Oh, by the way, is there a public phone around here?

I need to make a phone call.

Mihyeon Yes, there is.

Over by that corner.

There's a phone booth just opposite the gift shop.

Tourist I see. Thank you very much.

Mihyeon You're quite welcome.

관광객	실례합니다. 이 호텔에 한식당이 어디에 있죠?
미현	10층에 있어요.
	엘리베이터를 타고, 내려서 오른쪽으로 가세요.
	그런 다음 복도를 따라 가세요.
	한식당은 왼편에 중식당 바로 옆에 있어요.
관광객	감사합니다.
미현	천만에요.
관광객	아, 그런데 이 근처에 공중전화가 있나요?
	전화를 해야 되거든요.
미현	네, 있어요. 저쪽 모퉁이 옆에요.
	선물가게 바로 맞은편에 전화박스가 있어요.
관광객	알겠습니다. 정말 고맙습니다.
미현	별말씀을요.

along ~을 따라서
corridor 복도
floor 층
elevator 엘리베이터, 승강기
get out 나오다, 내리다
public phone 공중전화
by ·- 옆에
corner 모퉁이
booth 부스, 작은 방
phone booth 전화박스
opposite ~의 맞은 편에
gift shop 선물가게

Tip 위치를 알려줄 때는 전치사를 잘 사용해야 한다. 몇 층에 있다고 할 때는 on을, 맞은 편에 있을 때는 opposite, 바로 옆에 있을 경우에는 next to, 뒤편에 있을 때에는 behind, 안에 있다고 할 때는 in을 쓴다. 지하층일 경우에도 in을 써서 in the basement라고 한다.

🌸 손쉽게 꺼내 쓰는 활용 만점 패턴

1

Take the elevator to the 10th floor. 승강기를 타고 10층까지 가세요.

길을 안내할 때는 주어를 생략하고 동사가 앞에 나가는 패턴을 사용한다. '~을 이용해서 가세요'라고 말할 때 다음과 같은 표현을 사용해 보자.

Take a limousine to get to the airport. 리무진을 타고 공항에 가세요.
Use the stairs to the basement. 층계를 이용해서 지하로 가세요.
Use the underpass to cross the street. 지하도를 이용해서 길을 건너세요.

2

Go straight on until you get to an intersection.
교차로까지 곧장 가세요.

길을 안내할 때 '~까지 가세요' 또는 '~을 지나친 후에 (어떻게) 가세요'라고 말하는 경우가 있다. 동사와 전치사를 적절히 활용하여 다음과 같이 말해 보자.

Go past the station to the end of the street. 역을 지나서 길 끝까지 가세요.
Make a left and walk down to the traffic lights. 왼쪽으로 돌아 신호등 있는 곳까지 가세요.
Take the second left after the crossroads. 사거리를 지나 두 번째 왼쪽 길로 가세요.

3

There's a McDonald's on the corner. 모퉁이에 맥도날드가 있어요.

길을 찾아가는 도중에 무엇이 있는지 말해 주면 길을 찾는 데 도움이 된다.

You'll see a church when you turn left. 왼쪽으로 돌면 교회가 있어요.
You'll pass a bank on the way on your left. 가는 길에 왼편으로 은행을 지나칠 겁니다.
You can see a park on your left. 왼편에 공원을 볼 수 있을 거에요.

4

Change trains at the City Hall station. 시청역에서 전철을 갈아타세요.

'전철, 비행기, 열차, 버스 등을 갈아타세요'라고 말할 때 다음과 같은 표현을 활용해 보자.

Change planes for LA at the Narita Airport. 나리따 공항에서 LA행 비행기로 갈아타세요.
Transfer trains for Gwangju at the station. 그 역에서 광주행 열차로 갈아타세요.
Switch to another bus at the terminal. 그 터미널에서 다른 버스로 갈아타세요.

🍙 외국인이 꼭 물어보는 질문 Best 5

1 How long will it take to walk to Gyeongbokgung?
경복궁까지 걸어가려면 얼마 정도 걸려요?

여기서 꽤 멀어요.　　　　　　　　It's quite far from here.

약 20분 정도 걸릴 거예요.　　　　It will take about 20 minutes.

아마도 걸어서 20~25분 정도　　　It's probably a 20 to 25 minute walk.
걸릴 거예요.

2 What is the best way to get to Gyeongju?
경주에 갈 수 있는 가장 좋은 방법이 뭐예요?

강남 고속버스터미널에서 버스　　You can catch a bus at the Express Bus
를 타고 갈 수 있어요.　　　　　Terminal in Gangnam.

서울역에서 고속열차를 탈 수 있　　You can take the KTX at Seoul Station.
어요.

그것은 빠르고 편안하지만, 동대　　It's fast and comfortable, but you need to
구역에서 버스로 갈아타야 해요.　transfer to a bus at the East Daegu Station.

3 Is there a pay phone around here?
이 근처에 공중전화가 있나요?

모퉁이를 막 돌면 하나 있어요.　　There's one just around the corner.

정문 앞에서 찾을 수 있을 거예요.　You can find one in front of the main gate.

아마 전화카드가 필요할 텐데, 아래층의 선물가게에서 살 수 있어요. You may need a phone card, and you can buy one at the gift shop downstairs.

4 How will I know if I've passed it?
길을 지나쳤는지 어떻게 알 수 있어요?

세종호텔까지 갔다면 너무 멀리 간 거예요. If you get to Sejong Hotel, you've gone too far.

길 건너편에 지하철역이 보이면 그 가게를 지나친 거예요. If you see a subway station across the street, you have gone by the shop.

그곳을 지나쳤다면 서울에서 유명한 이정표인 남대문이 보일 거예요. You will see the South Gate, a famous landmark in Seoul, if you've passed it.

5 If I get lost, where is the best place to ask for directions? 길을 잃은 경우, 길을 물어보기 가장 좋은 곳이 어디에요?

호텔 프런트 직원은 영어를 하고, 언제든 기꺼이 외국인을 도와줘요. Hotel front desk clerks speak English and are always happy to help out foreigners.

대부분의 도시에 있는 관광안내소에 가볼 수도 있어요. You can also try a tourist information center located in most cities.

긴급할 때에는 일반 가게 점원이 도와줄 수도 있을 거예요. In an emergency, a retail shop employee may be able to help you.

Chapter 2

우리나라
음식
맛보이기

1. How did you like *kimchi*?
김치 맛이 어땠어요?

외국인이 한국 음식을 먹어본 적이 있다고 말하면 우리는 흔히 "김치 먹어봤어요?(Have you ever tried *kimchi*?)", "맛이 어땠어요?(How did you like it? / How was it?)"라고 묻는 다. 김치는 많은 외국인들이 경험해 보지 못 한 음식이며, 김치를 먹어본다는 것은 그들에게 는 모험이 될 수도 있기 때문이다. 이를 위해 김치에 대한 대화를 나름대로 준비해 두어야겠다.

한국 식단에 김치가 빠지는 적이 없으며, 한국인은 365일 김치를 먹는다(We eat *kimchi* every day.)고 말해 주자. 또한 김치는 건강에 좋은 음식이라고 말해 보자. 외국인은 김 치를 싫어할 것이라는 생각에 김치 얘기를 하며 쑥스러워하는 사람도 있는데, 그럴 필요 는 없다. 김치는 이미 국제적인 음식이 되었으며, 한국에서 어느 정도 살다 간 외국인 중 에는 김치 맛을 잊지 못하는 사람들이 많다는 사실을 기억하자.

김치는 간장, 된장, 고추장, 젓갈류와 더불어 우리 음식에서 빼놓을 수 없는 발효음식 (fermented foods)의 하나다. 발효음식은 유산균이 많이 함유되어 있어 건강에 좋고, 한 번 맛들이면 잊을 수 없다고 한다. 김치 맛을 아는 외국인들은 식당에서 식사를 할 때 몇 번이고 김치를 더 갖다 달라고 하기도 한다.

🍎 Dialogue

How did you like *kimchi*?
김치 맛이 어땠어요?

Steve   I went to a Korean restaurant last night.

Mihyeon How nice! Did you enjoy the food?

Steve   Yes. I really enjoyed it.

Mihyeon Did you have *kimchi*?

Steve   Yes, I did.

Mihyeon How did you like it?

Steve   It was very unique. I've never tried anything like it before.

Mihyeon I know. It's a very different taste.

Trying it is a real adventure for any foreigner.

Steve   It sure is.

Mihyeon Many foreigners love to eat *kimchi*, though.

Especially those who used to live in Korea.

They say they'll never forget the great taste of *kimchi*.

스티브	어젯밤에 한국 음식점에 갔어요.
미현	그랬군요! 맛있게 먹었어요?
스티브	네. 정말 맛있게 먹었어요.
미현	김치 먹어봤어요?
스티브	네.
미현	맛이 어땠어요?
스티브	아주 특이했어요. 그런 맛은 처음이었어요.
미현	알아요. 맛이 아주 다르죠.
	김치를 먹어보는 것은 외국인에게는 진짜 모험이에요.
스티브	정말 그래요.
미현	그렇지만 많은 외국인들이 김치를 좋아한답니다.
	특히 한국에 살았던 외국인들은요.
	그들은 김치의 훌륭한 맛을 결코 잊을 수 없다고 얘기해요.

restaurant 음식점
last night 어젯밤(에)
enjoy 즐기다
spicy 매운
different 다른
taste *n.* 맛 *v.* 맛보다
try 시도하다, 먹어보다
adventure 모험
foreigner 외국인
sure 확실히
though 그렇지만
especially 특히
forget 잊다
great 훌륭한

🌀 외국인이 꼭 물어보는 질문 Best 5

1 What is *kimchi*? 김치는 어떤 음식이죠?

김치는 절인 배추예요.   *Kimchi* is pickled cabbage.

무, 오이, 파로도 만들어요.   It is also made from radish, cucumber and green onions.

김치는 전형적인 한국의 발효식   *Kimchi* is a typical fermented Korean
품이에요.   food.

2 How do you make *kimchi*? 김치는 어떻게 담그죠?

배추를 소금에 절이고 갖은 양념   Pickle cabbage with salt and mix in a
에 버무려요.   variety of seasonings.

며칠간 놔둬서 발효시켜요.   Set aside for some days to ferment it.

양념에는 고춧가루, 마늘, 파, 생   Seasonings include ground red pepper,
강 등이 들어가요.   garlic, green onions, ginger, etc.

3 How often do Koreans eat *kimchi*?
한국 사람들은 얼마나 자주 김치를 먹죠?

거의 모든 식사 때마다 먹어요.   We eat *kimchi* at almost every meal.

우리는 김치 없이는 살 수 없다   We often say that Koreans can't live
는 얘기를 흔히 해요.   without *kimchi*.

서양 음식의 영향으로 김치를   Some children don't like *kimchi* because
좋아하지 않는 어린아이들도 있   of the influence of Western food.
어요.

4 Do foreign tourists like *kimchi*?

외국인 관광객들이 김치를 좋아합니까?

김치를 좋아하는 사람들이 많아요.	There are many who like *kimchi*
먹다 보면 점점 좋아지는 음식이에요.	It's an acquired taste.
정말로 한국을 알고 싶다면 김치의 여러 가지 맛을 맛보세요.	Try the different tastes of *kimchi* if you really want to know Korea.

5 Is *kimchi* similar to any western food?

김치는 서양의 어느 음식과 비슷하죠?

김치는 한국에만 있는 매우 독특한 음식이에요.	*Kimchi* is very unique to Korea.
김치는 요구르트나 치즈와 같은 발효식품입니다.	*Kimchi* is a fermented food like yogurt and cheese.
어느 나라나 전통 발효식품이 몇 가지씩은 있지요.	There are some traditional fermented foods in every country.

🏵 손쉽게 꺼내 쓰는 활용 만점 패턴

1 Did you enjoy Korean food? 한국 음식 맛있게 먹었어요?

먹은 음식이 맛있었는지, 경험한 한국 문화가 재미있었는지 등을 물을 때는 enjoy를 쓰면 된다.

Enjoy your meal. 식사 맛있게 드세요.
I hope you **enjoy** your stay in Korea. 한국에서 즐거운 시간 보내시길 바랍니다.
Did you **enjoy** your visit to Korea? 한국 방문이 즐거웠어요?

2 *Kimchi* is good for **health**. 김치는 건강에 좋아요.

김치에는 칼슘과 비타민, 유산균 등이 다량 함유되어 있고, 성인병 등에도 효과가 있음을 알려주자.

Kimchi is effective for **some adult diseases**. 김치는 일부 성인병에 효과가 있어요.
Kimchi contains **lots of lactic acid**. 김치에는 유산균이 많이 함유되어 있어요.

3 There are over 100 different kinds of *kimchi*.
김치의 종류는 백 가지가 넘어요.

kind(종류)를 이용하여 김치와 떡 등 종류가 다양한 음식들에 대해서 말할 수 있다.

There are various kinds of *jeongol*. 다양한 종류의 전골이 있어요.
There are many different kinds of *tteok*. 많은 종류의 떡이 있어요.
There are several types of *soups*. 여러 종류의 국이 있어요.

4 *Kimchi* is a must in a Korean meal.
김치는 한국의 식사에서 꼭 필요한 음식입니다.

'꼭 필요한 음식'이라고 말하고 싶을 때는 must라는 단어를 사용하면 된다. 비슷한 의미를 다음과 같이 표현할 수도 있다.

Kimchi is **necessary** in the Korean diet. 김치는 한국 식사에 필수적이에요.
Ganjang is **essential** in Korean cuisine. 간장은 한국 요리에 꼭 필요합니다.
Gochujang is **indispensible** for many Koreans. 고추장은 많은 한국인들에게 없어서는 안 돼요.

나도 우리나라 홍보대사

김치의 종류

김치는 100가지가 넘는 종류가 있어요. 김치는 그 계절에 나오는 각종 야채로 만들어요. 이들 중 배추김치가 가장 일반적이에요.

다른 종류로는 깍두기, 총각김치, 백김치, 나박김치, 동치미, 보쌈김치, 오이소박이김치, 파김치 등이 있어요.

각각의 김치는 독특한 맛을 갖고 있어요. 백김치는 고춧가루를 사용하지 않아요. 그래서 매운 음식을 좋아하지 않는 사람들이 좋아합니다.

Kinds of *Kimchi*

There are over 100 different kinds of *kimchi*. *Kimchi* is made with seasonal vegetables. Among these, *baechu kimchi*(cabbage *kimchi*) is the most popular.

The other kinds include *kkakdugi*(cubed radish *kimchi*), *chonggak kimchi*(pony-tail *kimchi*), *baek kimchi*(white *kimchi*), *nabak kimchi*(watery radish *kimchi*), *dongchimi*(watery winter *kimchi*), *bossam kimchi*(wrapped-up *kimchi*), *oisobagi kimchi*(hot-pickled cucumber *kimchi*), *pa kimchi*(young green onion *kimchi*), as well as many others.

Each type of *kimchi* has its own unique taste. *Baek kimchi* does not use red peppers and so is the favorite for those who don't like spicy food.

김장

김치는 거의 모든 한국 식사에 꼭 필요한 음식이에요. 한국의 모든 식탁에 올라요.

과거에 한국인들은 겨울이 오기 전에 많은 양의 김치를 담그곤 했어요. 겨울에 신선한 야채가 매우 드물었기 때문이죠.

긴 겨울을 위해 김치를 준비하는 것(김장이라고 함)은 이삼 십 년 전만 해도 거의 모든 가정에서 큰 가족 행사였어요. 그러나 도시에서 이 전통은 거의 사라졌어요. 현재는 공장에서 만든 김치를 근처 상점에서 쉽게 구입할 수 있어요.

Gimjang

Kimchi is a "must" in almost every Korean meal. It appears on every Korean table.

In the past Koreans used to make a large amount of *kimchi* before winter. It is because fresh vegetables were very scarce in winter.

Preparing *kimchi* for the long winter(called *gimjang*) was a big family event two or three decades ago. But this tradition has almost gone in the city. Factory-made *kimchi* is now easily available at nearby stores.

2. Why don't you try *bulgogi*?
불고기를 먹어보세요.

한국의 전통음식은 외국인과 만날 때 좋은 대화 주제가 된다. 따라서 우리의 고유 음식을 영어로 안내하고 외국인들이 궁금해 하는 것을 말해 줄 수 있도록 준비해 놓을 필요가 있다.

외국인들과 함께 식당에 가면 그들은 우리 음식을 잘 모르기 때문에 종종 무슨 음식을 추천하겠냐고 묻는다. 이때 많은 사람들이 "불고기를 먹어보세요.(I'd recommend *bulgogi*. / Why don't you try *bulgogi*?)"라고 말한다. 불고기는 거의 모든 외국인이 좋아하는 우리 고유의 음식이다. 우리나라 음식을 한 번도 먹어본 적이 없는 외국인에게 자신 있게 불고기를 추천해 보자.

불고기는 그 맛이 스테이크와 매우 다르기 때문에 처음 먹어보는 외국인들은 어떻게 만든 거냐고 자주 묻는다. 그 질문에 답을 할 수 있으려면 불고기 양념에 들어가는 재료의 이름을 영어로 알아야 하며, '양념에 재다(marinate)' 등의 표현도 알고 있어야 한다.

서양의 고기 요리는 우리처럼 고기를 미리 양념에 재는 것이 아니라 고기를 익힌 후 양념을 뿌려서 먹거나 소스를 발라 먹기 때문에, 외국인들은 불고기의 독특한 맛에 감탄하기까지 한다. 불고기와 함께 갈비(marinated short ribs)도 외국인에게 인기가 높은 음식이므로 이에 대해서도 함께 준비해 두자.

🗣 Dialogue

Why don't you try *bulgogi*?
불고기를 먹어보세요.

Steve   I've never tried Korean food before.

What do you recommend?

Mihyeon Why don't you try *bulgogi*?

It's really good.

Steve   What is *bulgogi*?

Mihyeon It's one of the best known Korean dishes and

very popular among foreigners.

It's marinated beef strips cooked over charcoal.

Bulgogi is often called Korean beef barbecue.

Steve   O.K. I think I will try it.

Mihyeon I'm sure you'll like it.

(After a while)

Steve   It's really delicious!

Mihyeon I told you so.

스티브	저는 한국 음식을 먹어본 적이 없어요.
	무엇을 추천하시겠어요?
미현	불고기를 한번 먹어보세요.
	정말 맛있어요.
스티브	불고기가 뭔데요?
미현	가장 잘 알려진 한국 음식 중의 하나예요.
	외국인들 사이에서 아주 인기가 높지요.
	그것은 얇게 썬 쇠고기를 양념에 재어 숯불 위에서 요리한 거예요.
	불고기는 흔히 한국의 쇠고기 바비큐라고 불리기도 해요.
스티브	좋아요, 한번 먹어볼게요.
미현	분명히 좋아하실 겁니다.
	(잠시 후)
스티브	정말 맛있네요!
미현	제 말이 맞죠.

before 이전에
recommend 추천하다
dish 음식, 요리, 접시
popular 인기 있는
among ~ 사이에서
marinated 절인
beef 쇠고기
strip 조각
cook 요리하다
charcoal 숯
barbecue 바비큐
after a while 잠시 후에
delicious 맛있는
so 그렇게

외국인이 꼭 물어보는 질문 Best 5

~~~~~~

1 What are *bulgogi* and *galbi*? 불고기와 갈비는 무엇인가요?

불고기는 얇게 썬 쇠고기를 양념 *Bulgogi* is marinated beef strips.
장에 재서 만드는 요리예요.

갈비는 양념장에 잰 쇠고기 갈비 *Galbi* is marinated short ribs of beef.
요리예요.

바비큐의 일종이에요. They're a type of *barbecue*.

2 How do you make *bulgogi*? 불고기는 어떻게 만드나요?

쇠고기를 얇게 썰어서 얇게 썬 Slice the beef thinly and mix it well with
양파, 배와 잘 버무리세요. sliced onions and pears.

그 다음 간장, 설탕, 파, 마늘 등 Then prepare the marinade with soy
으로 양념장을 만드세요. sauce, sugar, green onion and garlic.

쇠고기를 양념장과 잘 섞어 두 Mix the beef well with the marinade and
시간 이상 놔두세요. set aside for over 2 hours.

마지막으로, 양념한 쇠고기를 숯 Finally, broil the seasoned beef over hot
불 위의 그릴에 놓고 구우세요. charcoal on a grill.

3 What is the Korean's favorite type of meat?
한국인이 좋아하는 고기는 무엇입니까?

쇠고기뿐 아니라 돼지고기도 좋 We like pork as well as beef.
아해요.

닭고기도 잘 먹어요. We like to eat chicken, too.

소주는 돼지고기, 쇠고기와 함 We like to drink *soju* with pork and beef,
께, 맥주는 닭고기와 함께 마시 and beer with chicken.
는 것을 좋아해요.

~~~~~~

4 Are *bulgogi* and *galbi* expensive?
불고기와 갈비는 비싸요?

다른 음식에 비해서 비싸요.	They are more expensive than other dishes.
좀 비싸지만 외국인에게는 보통 가격이에요.	They're a little expensive, but moderate for most foreigners.
쇠고기 요리가 일반적으로 돼지 고기 요리보다 비싸요.	Beef dishes are generally more expensive than pork dishes.

5 Could you tell me how to eat *bulgogi*?
불고기 먹는 법을 좀 알려주시겠어요?

먼저 손바닥에 상추와 깻잎 한 장을 올려놓고 그 위에 밥과 불 고기를 얹어요.	First, put a piece of lettuce and a sesame leaf in the palm of your hand and then add cooked rice and *bulgogi*.
썰어놓은 마늘과 고추를 불고기 위에 얹고, 상추로 싸세요.	Place some sliced garlic and peppers on the *bulgogi*, and wrap it with lettuce.
이것은 고기와 야채의 균형을 맞 추는 가장 간편한 식사법의 하나 입니다.	It's one of the simplest ways of balancing meat and vegetables.

🗣 손쉽게 꺼내 쓰는 활용 만점 패턴

1   Have you tried Korean food before? 한국 음식 먹어본 적 있어요?

먹어봤느냐고 물을 때, 먹어보라고 권할 때, 모두 try를 쓸 수 있다.

Have you tried Korean cold noodle soup, *naengmyeon*? 냉면 먹어봤어요?
Why don't you try *bibimbap*? 비빔밥 한번 먹어보세요.
Would you like to try some spicy food? 매운 음식 좀 먹어보실래요?

2   Let me tell you how to make it. 요리법을 알려드릴게요.

한국 음식이 입에 맞는 사람들은 요리법을 알고 싶어한다. 상대가 한국 음식을 맛있게 먹으면 요리법(recipe)을 알려준다고 말해 보자.

Let me tell you how to make beef stew. 쇠고기 전골 만드는 법을 알려드릴게요.
I'll give you the recipe for Korean chicken soup. 삼계탕 만드는 법을 알려드릴게요.
I'll tell you the recipe of *bulgogi*. 불고기 요리법을 알려줄게요.

3   It is often called Korean barbecue. 그것은 한국식 바비큐라고도 해요.

우리나라 음식을 설명할 때 잘 알려진 다른 나라 음식에 비유해서 설명해 주면 어떤 음식인지 이해하기 쉽다.

It is a kind of beef soup. 그것은 쇠고기수프의 일종이에요.
It's a Korean style pancake. 빈대떡은 한국식 팬케이크예요.
It's very similar to stew. 그것은 스튜와 매우 비슷해요.

4   *Galbi* was voted as the No. 1 Korean dish.
갈비는 최고의 한국 음식으로 뽑혔어요.

세계적으로 잘 알려져 있거나 인정받는 음식에 대해서는 자랑을 아끼지 말자. 무언가로 선정되었다고 말할 때, 설문 조사 결과인 경우에는 vote(투표하다)를, 기타의 경우에는 choose/select(선택하다)를 사용하면 된다.

It was selected as the best Korean dish by the judges.
그것은 심판관들에 의해 최고의 한국 음식으로 선정되었어요.
The *LA Times* **chose** cucumber *kimchi* **as** one of the top ten international
foods. 〈LA 타임즈〉는 오이김치를 전세계 10대 음식의 하나로 선정했어요.

소주

한국 식당에서는 불고기, 갈비와 함께 소주를 마시는 한국인들을 많이 볼 수 있어요. 돼지고기의 일종인 삼겹살도 소주와 잘 어울리는 고기요리예요.

서민들은 일과 후에 소주 마시는 것을 좋아해요. 소주는 가장 잘 알려진 한국 술이에요.

소주는 원래 쌀과 같은 곡식으로 만들었지만, 가게에서 살 수 있는 것은 고구마로 만든 거예요. 소주는 색깔이 없는 보드카와 같은 술이에요.

소주는 많은 종류의 한국 술을 만드는 데 쓰여요. 과일, 약초, 식물 뿌리와 함께 일정 기간 저장해 두면 인삼주, 매실주, 백세주 등과 같은 술이 돼요.

Soju

You can see many Koreans drinking *soju* with *bulgogi* and *galbi* in Korean restaurants. *Samgyeopsal*, a kind of pork, is another meat dish that goes well with *soju*.

Ordinary people like to drink *soju* after work. *Soju* is the best known Korean liquor.

Soju was originally made from grains like rice, but the type you can buy at a store is made from sweet potatoes. It is a vodka-like liquor with no color.

Soju is used to produce many different kinds of Korean liquors. It is stored with fruits, herbs and plant roots for a certain period of time to make *insamju*(liquor with ginseng), *maesilju*(with plum), *baekseju*(with herbs) and so on.

막걸리

한국 사람들은 오랜 옛날부터 막걸리를 즐겨 마셨어요. 이 술은 고기보다 야채와 더 잘 어울려요.

이 술은 시골 사람의 삶과 밀접한 관련이 있으며 흔히 쌀로 만든 한국의 전통술이라고 불려요. 이 술은 쌀을 발효해서 만든 걸쭉하고 정제되지 않은 술이에요.

약주와 청주는 쌀로 만든 술로서 정제된 것이며, 전통 의식에 흔히 쓰여요.

Makgeolli

Koreans have liked to drink *makgeolli* from ancient times. It goes better with vegetable dishes rather than meat dishes.

It is closely related with rural life and often called traditional Korean rice wine. It is thick unrefined wine fermented from rice.

Yakju or *cheongju* is a refined rice wine and often used in traditional rites.

3. *Bibimbap* is good for vegetarians.
비빔밥은 채식주의자에게 좋아요.

우리는 종종 우리 음식이 중국, 일본의 음식과 비교하여 야채를 많이 사용한다고 말한다(We use more vegetables than Chinese and Japanese cuisine). 이를 대표하는 음식이 비빔밥이다. 비빔밥은 김치, 불고기와 함께 외국인에게 인기 있는 음식으로 자리 잡았다.

외국에 있는 한국 식당에 가보면 비빔밥을 먹는 외국인이 과거보다 많아졌다. 또한 국내 항공사의 해외취항 노선에서는 기내식(in-flight meals)으로 비빔밥을 제공하기도 하는데, 많은 외국인들이 비빔밥을 찾는다.

한편 비빔밥은 채식주의자에게 권하기 좋은 음식이다. 외국인들 중에는 채식주의자가 제법 많다. 외국의 식당에서는 채식주의자들을 위해 보통 두세 종류의 음식을 마련하고 있지만, 우리나라에는 채식주의자를 위한 식단이 별도로 없다(We don't have vegetarian dishes on the menu). 채식만 하는 사람에게는 비빔밥을 자신 있게 추천해 보자.

비빔밥은 거의 모든 식당에서 맛볼 수 있는 보편적인 음식(a popular dish)이며, 특히 전주 지방의 비빔밥은 매우 유명하다고 소개해 보자.

 **Dialogue**

Bibimbap is good for vegetarians.
비빔밥은 채식주의자에게 좋아요.

Steve   I'm a vegetarian.

Mihyeon   Then you might like *bibimbap*.

It's good for vegetarians.

Steve   What's *bibimbap*?

Mihyeon   It is cooked rice with a mix of vegetables.

Steve   What vegetables are in it?

Mihyeon   It usually includes seasoned bean sprouts, eggplant, spinach, radish, mushrooms and bracken.

Steve   How do you eat it?

Mihyeon   You mix the vegetables with the rice, and then eat it with a spoon.

Steve   Is it a popular Korean dish?

Mihyeon   Yes, it is. You can find it easily in a Korean restaurant.

The city of Jeonju is well-known for its *bibimbap*.

스티브	저는 채식주의자예요.
미현	그렇다면 비빔밥을 좋아하겠네요.
	비빔밥은 채식주의자에게 좋아요.
스티브	어떤 음식이에요?
미현	밥을 다양한 야채와 함께 먹는 거예요.
스티브	어떤 야채가 들어가나요?
미현	보통 콩나물, 가지, 시금치, 무, 버섯,
	고사리 등이 들어가요.
스티브	어떻게 먹어요?
미현	야채를 밥과 함께 잘 비빈 다음 숟가락으로 드세요.
스티브	많은 사람이 좋아하는 한국 음식이에요?
미현	네, 그래요. 한식집에서 쉽게 볼 수 있을 거예요.
	전주시는 비빔밥으로 유명해요.

vegetarian 채식주의자
cooked rice 밥
mix *n.* 혼합물 *v.* 섞다
vegetable 채소
include 포함하다
seasoned 양념된
bean sprout 콩나물
eggplant 가지
spinach 시금치
radish 무
mushroom 버섯
bracken 고사리
spoon 숟가락
easily 쉽게
well-known 잘 알려진, 유명한

🍲 외국인이 꼭 물어보는 질문 Best 5

1 What other vegetarian dishes are there?
비빔밥은 어떤 종류가 있죠?
채식주의자 음식으로 또 무엇이 있죠?

대부분의 반찬은 야채 음식이에요.   Most side dishes are vegetarian.

국수 요리가 몇 가지 있어요.   There are some noodle dishes.

야채와 당면으로 만든 잡채가 채
식주의자들에게 인기 있는 또 다
른 음식이에요.   *Japchae*, mixed vegetables with clear noodles, is another popular dish for vegetarians.

2 Do Koreans eat long-grain rice?
한국 사람들은 길쭉한 쌀을 먹나요?

아니요. 한국 쌀은 짧고, 좀 끈적
거려요.   No, we don't. Korean rice is short and kind of sticky.

우리는 현미나 정미된 쌀을 먹
어요.   We eat brown rice or polished rice.

우리는 식사 때마다 밥을 먹어요.   We eat cooked rice with every meal.

3 What types of *bibimbap* are there?
비빔밥은 어떤 종류가 있죠?

돌솥비빔밥이라는 특별한 음식
이 있어요.   There's a special dish called *dolsot bibimbap*.

보통 비빔밥은 차가운 식기에 나
오지만, 돌솥비빔밥은 뜨거운 그
릇에 나와요.   Regular *bibimbap* is served in a cold bowl, but it is served in a hot bowl.

재료는 지역마다 좀 달라요.   Ingredients vary some from region to region.

4   What is the best traditional Korean dish?
한국의 가장 전통적인 음식은 무엇인가요?

전주비빔밥은 조선시대 때 최고 음식 중의 하나였어요.	*Jeonju bibimbap* was one of the best foods during Joseon dynasty.
평양냉면도 조선시대 때 유명했던 음식이에요.	*Pyeongyang naengmyeon* was also a famous dish during Joseon dynasty.
냉면은 한국 사람들이 여름에 즐겨 먹는 찬 국수예요.	*Naengmyeon* is cold noodle soup enjoyed by many Koreans during summer.

5   What's this red stuff? 이 빨간 것은 뭐예요?

고추장이라고 하는데, 한국인들이 특히 좋아해요.	We call it *gochujang* and it is especially liked by Koreans.
조심하세요. 매운 음식을 좋아하지 않으시면, 덜어내세요.	Be careful. If you don't like hot food, just take it out.
한국 사람들은 비빔밥을 비빌 때 고추장을 한 숟갈 가득 넣는 것을 좋아해요.	Koreans like to add a spoonful of *gochujang* when mixing *bibimbap*.

손쉽게 꺼내 쓰는 활용 만점 패턴

1 If you're a vegetarian, you'll like it.
채식주의자라면 이 음식을 좋아하시게 될 거예요.

외국인에게 음식을 추천할 때 '만약 ~을 좋아하신다면, 이 음식이 좋을 거예요' 라는 구문을 사용하여 기호에 맞는 음식을 추천해 보자.

If you're a meat lover, you'll like *galbi*. 고기를 좋아하신다면, 갈비가 입에 맞으실 거예요.
If you like spicy food, you can eat *bibimbap* with a spoonful of *gochujang*.
매운 음식을 좋아하시면, 비빔밥에 고추장을 한 숟갈 듬뿍 넣어 드세요.

2 You can add a small amount of sesame oil.
참기름을 약간 넣으셔도 돼요.

음식을 먹으면서 '기호에 맞게/~만큼 넣으라'고 말할 때 쓰는 표현을 알아두자.

You can add some red pepper paste to taste. 입맛에 맞게 고추장을 좀 넣어도 돼요.
A few drops of vinegar are often added before eating.
흔히 먹기 전에 식초를 몇 방울 첨가합니다.

3 *Bibimbap* is served with soup. 비빔밥에는 국이 함께 나와요.

같이 나오는 음식을 얘기해 줄 때 사용하는 표현이다. come with를 사용하기도 한다.

Bulgogi is often served with lettuce and sesame leaves.
불고기는 흔히 상추, 깻잎과 함께 나와요.
Most Korean dishes come with a variety of side dishes.
대부분의 한국 음식은 여러 종류의 반찬과 함께 나와요.

4 This region is well-known for *bibimbap*.
이 지역은 비빔밥으로 유명해요.

어떤 음식이 어느 지역에 특히 유명하다는 말을 할 때 쓰는 표현이다.

This region is well known for green tea. 이 지역은 녹차로 유명해요.
This region is famous for king crabs. 이 지역은 대게로 유명해요.

냉면

비빔밥과 더불어 냉면은 조선시대 최고의 음식으로 여겨지고 있어요. 냉면은 '차가운 면'이라는 뜻이에요.

냉면은 많은 한국 사람들이 여름에 즐기는 음식이에요. 가느다란 메밀국수를 차가운 육수에 넣고, 다진 파, 무채, 배, 오이, 깨, 편육과 함께 나와요. 대부분의 한국 사람들은 냉면을 먹기 전에 겨자와 식초를 치는 것을 좋아해요.

냉면에는 비빔냉면이라고 하는 다른 종류의 냉면이 있는데, 이것은 매운 양념과 함께 비빈 냉면이라는 뜻이지요. 이것은 육수에 담겨 나오지 않아요.

냉면을 전문으로 하는 음식점들이 많이 있어요.

Naengmyeon

Along with *bibimbap*, *naengmyeon* is considered one of the best foods from the *Joseon* dynasty. *Naengmyeon* literally means "cold noodles."

It is a summer favorite for many Koreans. Thin buckwheat noodles are served in a cold beef broth with chopped green onions, shredded radishes, pears, cucumbers, sesame seeds and sliced beef. Most Koreans like to add hot mustard and vinegar before eating it.

There is another kind of *naengmyeon* called *bibim-naengmyeon*, which means cold noodles mixed with spicy seasonings. It is not served in beef broth.

There are many restaurants specializing in *naengmyeon*.

4. We call it *tteok*.
떡이라는 거예요.

떡은 영어로 rice cake이다. 우리의 음식들 대부분이 서양에는 없기 때문에 비슷한 서양 음식의 이름을 빌어서 영역한 결과다. 떡은 우리 문화와 밀접한 관련이 있으며, 일상에서 뿐 아니라 명절, 생일, 잔치 등 축제 때면 떡을 해먹기 때문에 떡에 대해 설명할 기회가 많다.

일본과 중국에도 떡은 있지만, 우리는 일본이나 중국과 달리 절기마다 여러 종류의 떡을 해먹는 풍요로운 떡 문화를 발전시켜 왔다. 또한 떡을 만들어 이웃과 나눠 먹는 풍습도 함께 소개하는 것이 좋겠다. "이웃과 떡을 나눠 먹는 것은 우리의 전통이에요(It is our tradition to share *tteok* with neighbors)." 라고 말하면서 떡과 관련한 우리의 관습을 얘기해 보자.

아울러 여러 종류의 떡에 대해서도 소개해 보자. 특히 우리는 명절이나 특별한 행사 때에(on special occasions) 각기 다른 떡을 빚어서 먹는다고 말해 주자. 즉 설날에는 장수를 빌며 가래떡을 먹고, 고사를 지낼 때는 악귀를 쫓고 복을 기원하기 위해 시루떡을 해먹었으며, 추석에는 달 모양의 송편을 빚어 풍성한 수확을 기원했다고 말해 주면 매우 흥미로워할 것이다.

🌸 Dialogue

We call it *tteok*.
떡이라는 거예요.

Mihyeon Are you having a good time?

Steve Yes, I am. It's a nice party.

People are friendly and the food is wonderful, too.

Mihyeon I'm glad to hear that.

By the way, have you had dessert?

Steve No, I haven't.

Mihyeon Let's get some dessert.

Steve That's a good idea. What's this? It looks tasty.

Mihyeon Try some. We call it *tteok*.

Steve Um... It's good.

Mihyeon It's made from steamed rice, and has a sweet filling.

Steve Yes, it does.

Mihyeon We always prepare *tteok* on festive occasions.

It's a tradition.

미현	재미있는 시간 보내고 있어요?
스티브	네. 멋있는 파티예요.
	사람들은 친절하고 음식도 훌륭해요.
미현	그 말을 들으니 기쁘네요.
	그런데, 디저트 먹었어요?
스티브	아뇨, 아직 안 먹었어요.
미현	디저트나 좀 갖다 먹도록 하죠.
스티브	좋은 생각이에요. 이게 뭐죠? 맛있어 보이네요.
미현	좀 먹어보세요. 떡이라는 거예요.
스티브	음…. 맛있네요.
미현	그것은 찐 쌀로 만든 거고, 안에 달콤한 것이 들어 있어요.
스티브	그러네요.
미현	우리는 축제 같은 때에는 항상 떡을 준비해요.
	그것은 하나의 전통이에요.

call 부르다
party 파티
friendly 친절한
dessert 후식
tasty 맛있는
steam 찌다
sweet (맛이) 단
filling 채워 넣은 것
prepare 준비하다
festive 축제의
occasion 특별한 때
tradition 전통

외국인이 꼭 물어보는 질문 Best 5

---

1 What is *tteok*? 떡이 뭐죠?

쌀로 만든 음식이에요.	It's a rice dish.
쌀로 만든 케이크예요.	It's a rice cake.
많은 종류의 떡이 있어요.	There are many different kinds of *tteok*.

2 How is rice cake made? 떡은 어떻게 만들어요?

보통 쌀가루로 만들어요.	It is usually made from powdered rice.
쌀가루를 시루에 넣고 쪄요.	Powdered rice is steamed in a steamer.
때로 쌀가루를 빚어 물에 넣고 끓이기도 해요.	We sometimes shape dough with powdered rice and boil it in water.

3 What is the origin of the rice cake?
떡의 기원은 무엇입니까?

옛날에 쌀농사와 함께 시작되었어요.	It started with rice cultivation in ancient times.
의식 때 떡을 바쳤어요.	People offered it at ceremonial rites.
축제 때 먹었어요.	People ate it during festivals.

4 When do you eat rice cake? 떡은 언제 먹어요?

한국 사람들은 간식으로 떡을 즐겨 먹어요.	Koreans like to eat it as a snack.
우리는 특히 명절과 같은 축제 분위기의 날에 떡을 먹어요.	We especially eat *tteok* on festive occasions like traditional holidays.
제삿날에도 떡을 준비해요.	We also prepare *tteok* on our ancestors ceremonial days.

5 What are the social customs related to rice cake?
떡과 관련한 사회적 관습은 무엇인가요?

사람들은 이사를 갔을 때 이웃과 떡을 나눠 먹어요.	People share rice cake with neighbors when they move to a new place.
사업하는 사람들은 새 사업의 행운을 빌면서 떡을 만들어요.	Business people make *tteok* hoping for good luck in their new business.

🌸 손쉽게 꺼내 쓰는 활용 만점 패턴

1   We call it *tteok*. 우리는 그것을 떡이라고 해요.

우리나라 음식의 이름을 소개할 때 call이라는 동사를 활용해서 말한다. '한글로' 또는 '한국어로' 라고 말하고 싶을 때는 in Korean이라는 부사구를 쓰면 된다.

We call it *gochujang*. 우리는 그것을 고추장이라고 해요.
It is called *kimchi jjigae*. 그것은 김치찌개라고 해요.
In Korean it is *galbi jjim*. 그것은 한국어로 갈비찜이에요.

2   It is made from steamed rice. 그것은 찐 쌀로 만듭니다.

음식이 무엇으로 만들어진 것인지 설명할 때는 be made from을 사용한다.

Ganjang is made from fermented soybean. 간장은 발효된 콩으로 만듭니다.
Doenjang is also made from soybean. 된장도 콩으로 만듭니다.
Gochujang is made from soybean and ground red pepper.
고추장은 콩과 고춧가루로 만듭니다.

3   What did it taste like? 맛이 어땠어요?

경험했던 일에 대한 의견이나 느낌을 물어볼 때 What ... like? 구문을 사용한다.

What's it like living in Korea? 한국에서 사는 게 어때요?
What was your trip like? 여행이 어땠어요?
What's he like? 그 사람 어때요?

4   I'm glad to hear that. 그 말을 들으니 기뻐요.

외국인이 한국 음식이 맛있다고 하면 한마디쯤 맞장구를 쳐보자. 상대방의 말에 대해 적당히 대꾸하는 것은 예의 바른 언어습관이다.

I'm happy to hear that you liked it. 맛있게 먹었다는 말을 들으니 기뻐요.
It's good to hear you enjoyed it. 맛있게 먹었다는 말을 들으니 좋아요.
I'm relieved to hear that. 그 말을 들으니 마음이 놓여요.

떡국

우리는 설날에 긴 떡인 가래떡을 먹어요. 한국 사람들은 그 떡이 장수를 의미한다고 믿고 있어요. 하얀 가래떡은 얇게 썰어서 떡국이라고 하는 특별한 국을 만드는데 사용돼요. 우리는 떡국을 그 해의 첫 음식이라고 생각해요. 한국 사람들은 설날에 떡국 한 그릇을 먹을 때 한 살을 더 먹는다고 해요.

송편

우리는 한국의 추수감사절인 추석에 송편을 먹어요. '송'은 소나무 또는 솔잎을 의미하고, '편'은 떡의 다른 이름이에요. 송편은 특별한 맛과 향을 내기 위해 솔잎 위에 놓고 찐 떡이에요. 그것은 초승달 모양의 떡으로, 그 안에는 콩, 깨, 꿀, 밤을 채워요. 우리는 추석날 조상님들께 제사를 올릴 때 조상님들께 주식으로 송편을 올려요.

시루떡

시루떡은 특별한 의미를 갖고 있어요. 우리는 행복과 행운 등 무언가를 기원할 때 시루떡을 만들어요. 그래서 이 떡은 결혼식, 생일, 개업식, 고사 때에 나와요. 시루떡은 팥을 얹어 찐 떡의 일종이에요. 사람들은 악령들이 붉은 색을 두려워하기 때문에 (팥의) 붉은 색이 악령을 쫓아낼 거라고 믿고 있어요.

Tteokguk

We eat *garae tteok*, long stick rice cake, on New Year's Day. Koreans believe that it represents long life. White long sticks are cut into thin slices and used to make a special soup called *tteokguk*. We regard it as the first meal of the year. Koreans say that they get one year older when they eat a bowl of *tteokguk* on New Year's Day.

Songpyeon

We eat *songpyeon* on *Chuseok*, Korea's Thanksgiving Day. "*Song*" means pine or pine needles and "*pyeon*" is another name for *tteok*. It is a rice cake steamed on pine needles for a special flavor. It is a crescent-shaped rice cake stuffed with beans, sesame, honey and chestnuts. We serve *songpyeon* as a main dish for our ancestors while performing rites for them on that day.

Sirutteok

Sirutteok has a special meaning. We make it when we wish for something, like happiness or good luck. So it appears on weddings, birthdays, business openings and sacrificial days to the gods. It is a kind of steamed rice cake covered with red beans. People believe that the color red will get rid of evil spirits because the spirits are scared of the color red.

5. *Jeongol* is like a stew.
전골은 스튜와 비슷해요.

다른 나라 음식과 비교할 때 우리 음식은 발효시킨(fermented) 음식이 많고, 음식에 간이 배어 있다(seasoned). 정이 깊은 우리의 민족 정서가 음식에도 스며 있는 것이 아닌가 하는 생각이 든다. 중국 음식에는 튀긴 음식이 많고, 일본 음식은 일반적으로 한국 음식에 비해 맛이 약하다고 한다. 서양 음식에도 간이나 양념이 밴 음식은 적다.

우리 음식 중에 외국인들의 기호를 만족시킬 수 있는 음식으로 전골이 있다. 전골은 생야채가 많이 들어가고, 주재료가 무엇인가에 따라 쇠고기전골, 낙지전골, 버섯전골 등 그 종류가 다양하다. 전골을 영어로 표현하면, 큰 냄비에 끓이기 때문에 서양의 냄비음식인 a casserole이라고 부르기도 하고, 여러 재료를 넣고 함께 끓이기 때문에 a stew라고 부르기도 한다.

외국인에게 우리 음식을 소개할 때는 잘 알려진 비슷한 외국 음식과 비교하여 간단히 소개한 후 무엇이 다른지 설명하는 것도 좋은 방법이다. 예를 들어 전골은 일본 음식 스끼야끼와 비슷하다(*Jeongol* is like Sukiyaki in Japanese food). 그렇지만 우리의 전골은 고춧가루가 들어가 얼큰한 맛이 나고, 쇠고기 외에도 다양한 재료를 사용한다는 것을 설명해 주면 외국인들이 이해하기 쉬울 것이다.

 **Dialogue**

Jeongol is like a stew.
전골은 스튜와 비슷해요.

Mihyeon Have you ever tried *jeongol*?

Steve No. What's that?

Mihyeon It's like a stew, but with a variety of vegetables.

Steve Is it a popular dish in Korea?

Mihyeon Yes, it is. Many Korean restaurants specialize in their favorite kind of *jeongol*.

Steve What kinds are there?

Mihyeon There are many kinds.

They vary depending on the main ingredient.

There is octopus *jeongol*, mushroom *jeongol*, seafood *jeongol*, beef *jeongol*, as well as others.

Steve I'd like to try seafood *jeongol*. I always like seafood.

Mihyeon Do you like spicy food?

Steve No, I'm not used to it yet.

Mihyeon Then you can order your *jeongol* without ground red pepper.

미현	전골 먹어본 적 있어요?
스티브	아뇨. 그게 뭔데요?
미현	스튜 같은 거에요. 하지만 다양한 야채가 들어가요.
스티브	한국에서 인기 있는 음식이에요?
미현	네.
	많은 식당들이 자신들이 특히 좋아하는 전골을 전문으로 해요.
스티브	어떤 종류들이 있는데요?
미현	많은 종류가 있어요.
	주재료가 무엇인가에 따라 달라요.
	낙지전골, 버섯전골, 해물전골, 쇠고기전골 등이 있어요.
스티브	해물전골을 먹어보겠어요. 해물을 좋아하거든요.
미현	매운 음식 좋아하세요?
스티브	아뇨, 아직 매운 음식에 익숙하지 않아요.
미현	그러면 고춧가루를 빼고 주문하시면 돼요.

stew 스튜
a variety of 다양한
specialize 전문으로 하다
depend on ~에 의존하다
main 주된
ingredient 재료
octopus 낙지, 문어
mushroom 버섯
seafood 해물
as well as ~뿐만 아니라
be used to ~에 익숙한
order 주문하다
without ~ 없이
ground 가루로 빻은
ground red pepper 고춧가루

🌀 외국인이 꼭 물어보는 질문 Best 5

1 What is *jeongol*? 전골은 어떤 음식이죠?

다양한 야채가 들어간 일종의 국이에요.	It's a kind of soup with a variety of vegetables.
주재료에 따라 다양한 전골이 있어요.	There are many different kinds of *jeongol* depending on its main ingredient.
해물전골과 낙지전골은 가장 인기 있는 전골 요리입니다.	*Haemul* and *nakji jeongols* are the most popular types of *jeongol*.

2 What are its ingredients? 재료가 뭐예요?

낙지전골에는 야채와 낙지, 쇠고기 등이 들어가요.	*Nakji jeongol* includes vegetables, octopus and beef.
해물전골에는 야채와 꽃게, 조개, 새우 등이 들어가요.	*Haemul jeongol* includes vegetables, blue crabs, shellfish and shrimp.
모든 전골에 다양한 야채가 들어가요.	A variety of vegetables are included in all *jeongols*.

3 How do you make *beoseot jeongol*?
버섯전골은 어떻게 만들어요?

양념한 쇠고기, 야채, 버섯을 큰 그릇에 넣어 준비해요.	Arrange seasoned beef, vegetables, and mushrooms in a large pan or a pot.
그리고 나서 육수를 붓고 버너 위에서 끓여요.	Then pour beef broth and cook over a burner.
끓을 때 국수를 넣기도 해요.	Cooked noodles are sometimes added when boiling.

4 How do you eat *jeongol*? 전골은 어떻게 먹어요?

식탁에서 직접 끓이기 때문에 개인별로 제공되지 않아요.
It is not served individually because it's cooked right at the table.

우리는 각자 조그만 그릇에 덜어 먹어요.
We serve ourselves in small bowls.

밥과 함께 먹어요.
We eat it with cooked rice.

5 Why is *jeongol* popular among Koreans?
왜 전골은 한국 사람들 사이에서 인기가 있죠?

한국 사람들은 식사할 때 전골과 같이 국물이 있는 음식을 항상 먹어요.
Koreans always eat soup like *jeongol* when having meals.

또 다른 유형의 인기있는 국으로 찌개라는 것이 있는데, 그것은 전골보다 물이 적어요.
Another popular type of soup called *jjigae* has less water than *jeongol*.

된장찌개와 김치찌개는 한국 사람들이 가장 좋아하는 찌개예요.
Doenjang and *kimchi jjigae* are the most favorite soups for Koreans.

🍵 손쉽게 꺼내 쓰는 활용 만점 패턴

1 *Jeongol* is like sukiyaki in Japanese food.
전골은 일본 음식 스끼야끼와 비슷합니다.

우리 음식을 간단히 소개하고 싶을 때 다음과 같이 잘 알려진 외국 음식과 비교해서 말해 보자.

It's like curry and rice in Indian food. 인도 음식 카레라이스와 비슷해요.
It's like barbecue to the Americans. 미국인에게는 바비큐와 같은 거예요.
It's like pizza. 피자 같은 거예요.

2 Do you mind if I order spicy food? 매운 음식을 주문해도 괜찮겠어요?

상대방이 혹시 꺼릴지도 모른다면 Do you mind if...?(~해도 괜찮겠어요?)라고 먼저 물어보자. 이때 상대방이 Yes라고 답하면 싫어한다는 뜻이 되므로 유의하자.

Do you mind if we eat out? 외식해도 괜찮겠어요?
Do you mind if I smoke? 담배 피워도 괜찮겠어요?
Do you mind if we walk? 걸어도 괜찮겠어요?

3 I'm not used to eating spicy food. 저는 매운 음식 먹는 데 익숙하지 않아요.

'~에 익숙하다'는 뜻의 be used to는 그 뒤에 동명사나 명사가 온다.

You'll soon get used to Korean food. 한국 음식에 곧 익숙해질 거예요.
I'm not used to American customs. 나는 미국 관습에 익숙하지 않아요.
She is not used to using chopsticks yet. 그녀는 아직 젓가락 사용이 서툴어요.

4 *Hanjeongsik* means Koreans fixed meal set.
한정식은 '한국의 정해진 세트 식사'라는 뜻이에요.

한글의 의미를 설명하고 싶을 때 It means...의 패턴을 쓴다.

Nong-ak means farmers' music in Korean. 농악은 한국말로 농부의 음악이라는 뜻이에요.
Samulnori means quartet music. 사물놀이는 사중주 음악이란 뜻이에요.
Naengmyeon literally means cold noodles. 냉면은 글자 그대로 찬 국수라는 뜻이에요.

나도 우리나라 홍보대사

한정식

한정식은 한국식 세트 메뉴예요. 한정식을 글자 그대로 해석하면 '정해진 메뉴의 한국 식사'라는 뜻이에요.

한정식을 시키면 한 번에 많은 종류의 한국 요리를 맛볼 수 있어요. 보통 불고기, 갈비찜, 생선구이가 나와요. 많은 종류의 양념한 야채도 반찬으로 나와요. 반찬의 종류와 수는 식당마다 달라요.

한정식에서 반드시 나오는 음식으로 된장찌개가 있어요. 이것은 된장으로 만든 국의 일종으로 일반 국보다 물의 양이 적어요. 된장찌개는 가장 인기 있는 한국의 찌개예요.

Hanjeongsik

Hanjeongsik is a Korean style set menu. It literally means "Korean fixed meal set."

If you order *hanjeongsik*, you can taste many Korean dishes at one time. *Bulgogi*, steamed short ribs and grilled fish are usually served. A variety of seasoned vegetables are also served as side dishes. The types and number of side dishes vary from restaurant to restaurant.

Hanjeongsik is not complete without *doenjang jjigae*. It is a kind of soup made from bean paste containing less water than regular soup. This is the most popular Korean *jjigae*.

6. Are you familiar with Korean table manners?
한국 식사예절을 잘 아세요?

외국인과 식사를 하다 보면 우리의 음식에 대해서는 많이 이야기를 나누게 되지만 식사예절(table manners)에 대해서는 그다지 이야기하게 되지 않는다. 사실 우리의 전통적인 식사예절은 외국인들이 따라하지 않아도 큰 문제가 되지는 않는다.

우리가 가끔 외국인에게 우리의 식사예법을 얘기해 주는 것은 그들이 따라하기를 바라서가 아니라 우리의 전통문화를 알려주기 위한 의미가 더 크다. 하지만 외국인이 우리의 음식문화를 잘 알지 못해 저지르는 실수에 대해서는 알려줄 수 있도록 하자.

먼저 우리는 밥과 반찬을 함께 먹는다는 것을 알려주자(We eat side dishes with cooked rice). 밥과 함께 먹기 때문에 우리의 반찬에는 간이 되어 있다고 말해 주자. 김치를 샐러드로 생각하는 외국인들은 김치만 따로 먹는 경우가 많다. 국도 마찬가지다. 서양의 수프는 입맛을 돋우기 위해 먹기 때문에 국부터 마시는 외국인들도 있다. 이런 경우에는 예외 없이 식사 후에 물을 많이 마시게 된다. 국은 오른쪽, 밥은 왼쪽에 둔다는 사실도 가르쳐주자. 그리고 젓가락 사용법(how to use chopsticks)을 배우고 싶어하는 외국인에게는 간단히 사용법을 가르쳐줄 수 있도록 하자.

🌀 Dialogue

Are you familiar with Korean table manners?
한국 식사예절을 잘 아세요?

Steve   I was invited to a Korean dinner.

Mihyeon That's great.

         Are you familiar with Korean table manners?

Steve   Not really.

Mihyeon You don't have to follow traditional table manners.

         But there's something you should know.

Steve   What's that?

Mihyeon The different dishes are all served at once.

         They are not served in courses.

Steve   How do I eat the food, then?

         Is there any set order?

Mihyeon No. Just eat as you like.

         However we eat side dishes with cooked rice.

Steve   Thank you for your advice.

스티브	한국 저녁식사에 초대를 받았어요.
미현	잘됐네요. 한국 식사예절을 잘 아세요?
스티브	그렇지 않아요.
미현	전통적인 식사예절을 꼭 따를 필요는 없어요.
	하지만 알아두어야 할 것이 좀 있어요.
스티브	그게 뭐죠?
미현	한국 음식은 모든 음식이 동시에 나와요.
	코스별로 나오지 않지요.
스티브	그러면 어떻게 음식을 먹죠?
	음식 먹는 데 정해진 순서가 있나요?
미현	아니요. 그냥 드시고 싶은 대로 드세요.
	그렇지만 우리는 반찬을 밥하고 함께 먹어요.
스티브	조언 감사합니다.

be familiar with ~와 익숙하다
table 식사, 식탁
manners 예절
invite 초대하다
dinner 저녁식사
follow 따르다
traditional 전통적인
serve (식사를) 차려내다
at once 동시에, 한 번에
in courses 순서대로, 코스별로
set 정해진
order 순서
advice 조언, 충고

1 Please show me how to use chopsticks.
젓가락을 어떻게 사용하는지 가르쳐주세요.

젓가락을 이렇게 쥐어요.	Hold the chopsticks like this.
밑에 있는 젓가락은 움직이지 마세요.	Do not move the lower chopstick.
위쪽 젓가락을 움직여서 음식을 집으세요.	Move the upper chopstick to pick up the food.
내가 하는 것을 따라해보세요.	Why don't you copy what I'm doing?

2 Can I use a fork instead of chopsticks?
젓가락 대신에 포크를 사용해도 될까요?

물론 사용하셔도 괜찮아요.	Of course, you can.
젓가락을 사용하는 데 익숙해지려면 많은 연습이 필요할 거예요.	You may need a lot of practice to get used to using chopsticks.
한번 해보세요. 재미있어요.	Why don't you try? It's fun.

3 Can you give me some tips on Korean table manners?
한국의 식사예절에 대해 조언 몇 마디 해주시겠어요?

연장자가 식사를 시작할 때까지 기다리는 것은 예의 바른 일이에요.	It is good manners to wait until the elders start their meals.

우리는 연장자가 식사를 끝낼 때 까지 식탁을 떠나지 않아요.

We do not leave the table until the elders finish their meals.

건네줄 때는 두 손을 사용하도록 하세요.

Just try to use two hands when passing.

4 What should I avoid doing while having meals with Koreans?

한국 사람과 식사할 때 하지 말아야 하는 행동이 무엇이죠?

우리는 식사 중에 코를 풀지 않 아요. 그것은 예의에 어긋나는 행동이에요.

We do not blow our noses at the table. It's not good manners.

밥그릇이나 국그릇은 손으로 들 지 않아요.

We do not hold the rice bowl or soup bowl in our hands.

5 Can you tell me some tips for Korean drinking manners? 한국의 음주예절에 대해 조언 몇 마디 해주시겠어요?

연장자에게 먼저 술을 권합니다.

We offer a drink to the elderly first.

연장자에게 두 손으로 술을 따라 요.

We pour a drink to an elderly person with both hands.

연장자가 술을 권하면 보통 일어 서서 잔을 두 손으로 받아요.

We usually stand up and take a glass with both hands when offered a drink by an elderly person.

🌀 손쉽게 꺼내 쓰는 활용 만점 패턴

1

Are you familiar with traditional table manners?
전통 식사예법을 잘 알아요?

어떤 주제에 대해 말을 꺼낼 때 '~을 잘 알아요?/관심이 있어요?/알고 싶어요?' 라고 물어보는 방법을 알아두자.

Are you interested in traditional Korean music? 한국 전통음악에 관심 있어요?
Do you want to know how to prepare it? 어떻게 만드는지 알고 싶어요?

2

You don't have to follow all table manners.
모든 식사예절을 다 따라하지는 않아도 돼요.

외국인에게 '~하지 않아도 돼요' 라는 정보를 줄 때 don't have to... / don't need to...를 사용한다.

You don't have to pay too much attention to it. 그것에 너무 신경 쓰지 않아도 돼요.
You don't need to use chopsticks if you're not used to them.
익숙하지 않으면 젓가락을 사용하지 않아도 돼요.

3

There's something you need to know while eating.
식사하는 동안 알아둬야 할 것이 있어요.

동시 상황을 설명할 때 while 구문을 쓸 수 있다.

You can add a little salt while it is boiling. 끓는 동안 소금을 조금 넣으세요.
There's many places to eat while shopping. 쇼핑하는 동안 식사할 곳이 많아요.

4

It's not served in courses. 코스별로 안 나와요.

식당에서 음식이 어떻게 나오는지 설명할 때 '나오다'에 해당하는 단어는 serve이다.

Hot food is sometimes served during a meal. 뜨거운 음식은 식사 중에 나오기도 해요.
Bibimbap is served with soup. 비빔밥은 국과 함께 나와요.
What time do you serve lunch? 점심식사 시간이 몇 시예요?

한국의 상차림

전통적으로 한국인들은 낮은 식탁에서 식사를 해요.

한국 음식은 보통 코스별로 나오지 않아요. 한국 음식은 한꺼번에 나오며, 사람들은 음식을 각자 떠서 먹어요.

밥은 한국인들의 주식이고, 국은 보통 밥이 나올 때 같이 나와요. 밥은 왼쪽에, 국은 오른쪽에 놓아요. 밥과 국은 개인별로 나오지만, 반찬은 모든 사람이 나눠 먹을 수 있도록 식탁의 중앙에 놓여요.

사람들은 개인의 기호에 따라 음식을 먹으며, 음식을 먹는 데 정해진 순서는 없어요. 뜨거운 음식이 가끔 식사 중에 제공되기도 해요.

Korean Table Settings

Traditionally, Koreans eat at low tables.

Korean meals are not usually served in courses. They are served at the same time, and people help themselves to the food.

Rice is the staple food for Koreans and the soup is usually served with cooked rice. The rice bowl is placed on the left, and the soup on the right. Cooked rice and soup are served individually, but the side dishes are placed in the center of the table to be shared by all.

People eat the food following their individual preferences and there is no set order in eating the food. Hot food is sometimes served during meals.

Chapter 3

우리나라 전통문화 선보이기

1. *Seol* sometimes falls in February.

설날은 가끔 2월에 있어요.

누구나 한 나라의 명절(traditional holidays)에 대해서는 관심이 높다. 명절은 그 나라의 문화를 설명해 주고, 그 나라 사람들이 사는 모습을 보여주기 때문이다. 특히 명절에는 다채로운 행사가 펼쳐지고 축제 분위기가 되기 때문에, 외국인들은 우리 명절에 무슨 일이 일어나는지 궁금해 한다. 우리의 가장 큰 명절인 설이 외국의

축제나 명절에 비해 크게 다른 점은 대부분의 가정에서 오전 중에 조상께 차례를 올린다는 사실이다(We perform a ritual service for our ancestors). 이런 풍습과 함께 우리의 전통문화를 소개하고, 명절에 우리가 즐겨 하는 전통놀이 또한 알려주자.

한편 우리나라의 명절을 소개하다 보면, 이 날들이 음력으로 정해진다는 말을 하게 된다. 우리는 설을 음력으로 정하기 때문에 설이 가끔 2월에 오기도 한다고 말해 주면 흥미로워할 것이다. 음력의 전통은 아직도 우리 생활 곳곳에 스며 있다는 사실을 여러 사례를 들어 설명해 주자. 음력은 달의 주기에 따라 정해지기 때문에 '달의'라는 단어 lunar를 사용하여 lunar calendar라고 한다.

🌀 Dialogue

Seol sometimes falls in February
설날은 가끔 2월에 있어요.

Steve | How do Koreans celebrate New Year's Day?

Mihyeon | We perform a ceremony in the morning, and give deep bows to our elders.

We enjoy the rest of the day with our families.

Steve | What kind of ceremony is it?

Mihyeon | It's a ritual service for our ancestors.

We believe that ties with ancestors are very important.

Steve | That's interesting.

Mihyeon | By the way, do you know that we celebrate it by the lunar calendar?

Steve | No, I didn't know that.

Mihyeon | We celebrate traditional holidays by the lunar calendar.

That is why Korean New Year's Day sometimes falls in February.

스티브	한국인들은 설날을 어떻게 축하하죠?
미현	아침에 의식을 올리고 어른들께 세배를 드려요.
	나머지 시간은 식구들과 즐거운 시간을 가져요.
스티브	어떤 의식인데요?
미현	조상들을 위한 제사예요.
	우리는 조상과의 유대관계가 매우 중요하다고 믿고 있어요.
스티브	흥미롭네요.
미현	그런데 우리가 설날을 음력으로 쇠는 것 아세요?
스티브	아뇨, 몰랐어요.
미현	우리는 전통적인 명절을 음력으로 지내요.
	그래서 설날이 가끔 2월에 오기도 해요.

fall (명절, 기념일 등이) ~에 오다
celebrate 축하하다
perform 행하다
ceremony 의식
deep bow 큰절
elder 연장자, 손 위의
rest of ~의 나머지
ritual service 제사
ancestor 조상
tie 관계
lunar 달의
lunar calendar 음력
traditional 전통적인
holiday 휴일, 축제일

1   What do you do on New Year's Day?
설날에는 무얼 하고 지내요?

아침에 조상님들께 차례를 지내요.
We have a special ceremony for our ancestors in the morning.

젊은이들은 어른들에게 세배를 드려요.
Young people bow deeply to their elders.

세배를 하면서 "새해 복 많이 받으세요"라고 말하고, 세배를 받은 어른들은 덕담과 함께 세뱃돈을 주지요.
When bowing, they say "good luck this new year", and the elders in return give some money and words of encouragement.

가족들은 새해의 첫 음식으로 함께 떡국을 먹어요.
Family members eat rice cake soup together as the first meal of the year.

윷놀이 같은 게임을 하며 가족들이 함께 시간을 보내요.
We spend time with family members playing games like *yut*.

2   What is that beautiful dress? 저 아름다운 옷은 무엇이죠?

그것은 한복이라고 하는 전통 의상이에요.
It is a traditional dress, called *hanbok*.

한국 여성들은 명절 때나 특별한 행사 때 한복을 즐겨 입어요.
Korean women like to wear a *hanbok* on traditional holidays and special occasions.

한복은 색깔이 화려하고, 간결한 곡선을 지니고 있어요.
Hanbok is colorful and has simple curve lines.

3 Do men have traditional clothing?
남자들도 전통 의상이 있나요?

네. 그것도 한복이라고 불러요.   Yes. We call it *hanbok*, too.

남자 한복은 허리까지 내려오는   The men's *hanbok* consists of a waist-
저고리와 헐렁한 바지로 이루어   length jacket and baggy pants.
져 있어요.

4 What is *yut* and how is it played?
윷은 무엇이며, 어떻게 하는 놀이죠?

네 개의 막대기로 하는 게임이에요.   It's a game played with four sticks.

4개의 나무 막대기를 공중으로   Throw four wooden sticks in the air.
던져요.

(바닥에 떨어진) 막대기의 형태   Move markers on a specially designed
에 따라 윷판의 말을 옮겨요.   board according to their patterns.

말이 먼저 한 바퀴를 돈 팀이 이   The team who finishes a turn first wins.
겨요.

5 Why does the date of New Year's Day change?
왜 설날의 날짜가 바뀌죠?

설날을 음력으로 쇠기 때문이에   Because we celebrate New Year's Day
요.   by the lunar calendar.

한국 사람들은 명절의 날짜를 따   Koreans follow the lunar calendar when
질 때에는 음력을 따라요.   counting the dates of the traditional
holidays.

🌀 손쉽게 꺼내 쓰는 활용 만점 패턴

1
We perform a ritual service for our ancestors.
조상님들께 제사를 올려요.

We perform a ceremony for our ancestors. 우리는 조상님들을 위한 의식을 행해요.
We participate in memorial rites for our ancestors.
우리는 조상님들을 기리는 의식에 참여해요.

2
The New Year's Day falls in late January next year.
내년 설은 음력으로 1월 말에 있어요.

'설, 추석' 같은 명절이나 생일같은 기념일 등이 언제인지를 말할 때 동사 fall을 쓴다.

Chuseok falls on September 18th. 추석은 9월 18일이에요.
The First Full-Moon Day falls in February this year. 올해 정월 대보름은 2월에 있어요.

3
We celebrate it by the lunar calendar. 음력으로 지내요.

음력으로 지낸다거나 음력으로 며칠이라는 표현을 알아두자.

My birthday is June 4th by the lunar calendar. 내 생일은 음력으로 6월 4일이에요.
We celebrate Buddha's Birthday according to the lunar calendar.
우리는 석가탄신일을 음력으로 지내요.

4
Neolttwigi is a kind of Korean seesaw game.
널뛰기는 일종의 한국식 시소게임이에요.

우리의 민속놀이를 서양의 비슷한 놀이나 운동에 비유히여 '일종의 ~(a kind of ...)' 라고 설명하면 비교적 쉽게 이해할 수 있다.

Janggi is a kind of chess game. 장기는 일종의 체스게임이에요.
Ssireum is a form of wrestling. 씨름은 레슬링의 한 형태예요.

널뛰기

널뛰기는 여성들 사이에서 인기 있는 한국의 시소게임이에요.

두 사람이 긴 널빤지 양쪽 끝에 각각 섭니다. 한 사람이 공중으로 뛰어올랐다 내리면 다른 쪽에 서 있던 사람이 높이 올라가요.

널빤지에서 먼저 떨어지는 사람이 지는 거예요.

정월 대보름

우리는 음력 1월 15일에 그해의 첫 보름달을 기념해요.

이날 우리는 밤, 호두, 오곡밥과 같이 특별한 음식을 먹으며 다양한 전통 놀이를 하지요.

남자아이들은 저녁에 불을 갖고 놀아요. 다른 인기 있는 놀이로는 줄다리기, 지신밟기, 연날리기 같은 것들이 있어요.

저녁에 사람들은 보름달을 더 가까이 보기 위해 언덕에 올라가요. 보름달을 보며 소원을 얘기하면, 그 소원이 이루어진다고 믿지요.

Neolttwigi

Neolttwigi is a kind of Korean seesaw game that is popular among women.

Two women stand at each end of a long board. One of them jumps into the air and lands on the board which sends the other person flying into the air.

The one who falls from the board loses.

First Full-moon Day

We celebrate the first full-moon of the year on the 15th of January by the lunar calendar.

On this day, we eat special foods like chestnuts, walnuts and five-grain rice and play various traditional games.

Many boys play with "fire" at night. The other popular games are tug-of-war, "treading god of soil," and kite flying.

In the evening people go up the hills to see the full moon closer. We believe that the year's wishes will come true if we tell them to the full moon.

2. We celebrate the year's good harvest.
한 해의 풍성한 수확을 축하해요.(추석)

전통적으로 농경사회였던 우리나라는 예로부터 추석이 중요한 명절이었다. 새로 수확한 햇곡식과 과일을 차례상에 올려놓고 한 해의 수확을 조상께 감사드리며(We thank our ancestors for the year's harvest), 가족들이 모두 모여 즐거운 시간을 갖는다.

추석은 미국의 추수감사절(Thanksgiving Day)과 유사한 측면이 있기 때문에 미국인들과는 대화를 이끌어가기 쉬운 측면이 있다. 두 명절 모두 한 해의 수확을 축하하는 의미에서 비롯되었고, 가족들이 먼 곳에서 찾아와 한데 모인다. 특히 우리가 이날 송편이라는 특별한 음식을 먹는 것과 마찬가지로 미국인들도 거의 모든 가정에서 호박파이와 칠면조구이를 만들어 먹는다.

그렇지만 미국의 추수감사절과 우리의 추석이 다른 측면도 있다. 우리는 차례라는 의식을 드리고, 성묘를 가서(visiting ancestral graves) 벌초를 하며 큰절을 올린다. 그러나

미국인들은 과거 청교도들이 미국 땅에 와서 겪었던 고초와 자유에 대한 갈망을 기리며 하루를 보낸다고 한다. 우리의 추석에 대해 설명해 주고, 그들은 추수감사절을 어떻게 지내는지 물어보자.

🗨 Dialogue

We celebrate the year's good harvest.
한 해의 풍성한 수확을 축하해요.

Steve What is *Chuseok*?

Mihyeon It's a traditional Korean holiday.

We celebrate the year's good harvest.

Steve It sounds like the Thanksgiving holiday in America.

Mihyeon I think so, too.

What do you do in America on that day?

Steve Families reunite and have meals together.

We eat pumpkin pie and roast turkey.

Mihyeon We eat special food on *Chuseok*, too.

We prepare a dish called "*songpyeon*."

It's a rice cake stuffed with beans, honey and chestnuts.

Steve That's interesting.

Both countries have similar customs.

스티브	추석이 뭐죠?
미현	한국의 전통 명절이에요.
	한 해의 풍성한 수확을 축하하는 날이죠.
스티브	미국의 추수감사절과 비슷하게 들리네요.
미현	저도 그렇게 생각해요.
	미국에서는 그날 무엇을 하죠?
스티브	가족들이 한데 모여서 식사를 함께 해요.
	호박파이나 구운 칠면조고기를 먹지요.
미현	우리도 추석에는 특별한 음식을 먹어요.
	송편이라고 하는 음식을 준비하죠.
	그것은 떡 안에 콩, 꿀, 밤 등을 넣은 거예요.
스티브	흥미롭네요.
	두 나라가 비슷한 풍습을 갖고 있군요.

harvest 추수
sound like ~처럼 들리다
reunite 다시 모이다
meal 식사
pumpkin 호박
roast 구운
turkey 칠면조
prepare 준비하다
stuff 채워 넣다
bean 콩
chestnut 밤
similar 비슷한, 유사한
custom 풍습, 관습

1 What is *Chuseok*? 추석이 뭐예요?

한국의 전통적인 명절이에요.	It's a traditional Korean holiday.
한해의 수확에 대해 조상들께 감사드려요.	We thank our ancestors for the year's harvest.
추석은 음력으로 8월 15일이에요.	It is on the 15th day of August by the lunar calendar.

2 What do you do on *Chuseok*? 추석에는 무얼 하나요?

새로 수확한 쌀과 과일로 제사상을 차려요.	We prepare a ceremonial table with newly harvested rice and fruit.
오전에 조상님들께 차례를 지내요.	We perform a ritual service for our ancestors in the morning.
식구들과 함께 송편을 먹고, 즐거운 시간을 가져요.	We eat *songpyeon* and enjoy the day with family members.

3 How do Koreans show respect to their departed ancestors?
한국 사람들은 돌아가신 조상에게 어떻게 경의를 표합니까?

조상의 묘소에 찾아가요.	We visit the grave sites of our ancestors.
벌초를 하며 주변을 깨끗이 정리해요.	We clean up the area by pulling out weeds.
제사 음식을 차리고 큰절을 올려요.	We serve ceremonial food and perform a deep bow.

4 What traditional activities are associated with *Chuseok*? 추석에 특별히 하는 전통행사는 무엇인가요?

씨름, 줄다리기, 소싸움 같은 전통 민속놀이를 해요.
We play traditional games like *ssireum*, tug of war and bull-fighting.

여성들은 둥글게 서서 강강술래라는 춤을 춰요.
Women and girls do a circle dance called *ganggangsullae*.

5 What is *ssireum*? 씨름이 뭐예요?

한국의 전통적인 레슬링이에요.
It's traditional Korean wrestling.

두 사람이 긴 천으로(샅바로) 상대방을 잡아요.
Two players grab each other by a long cloth.

상대방을 모래판에 쓰러뜨리는 사람이 이겨요.
The one who throws the other to the sand ground wins.

🌸 손쉽게 꺼내 쓰는 활용 만점 패턴

1 It sounds like the *Chuseok* holiday in Korea.
한국의 추석과 비슷하게 들려요.

상대방의 말을 듣고 자기의 의견을 말할 때 It sounds/looks/seems like ...라는 표현을 자주 사용한다.

It looks like an interesting place to visit. 방문해 볼 만한 곳인 것 같네요.
It seems like you're having a wonderful trip. 멋진 여행을 하고 있는 것 같네요.

2 The way to celebrate the day is different from that of America. 그날을 축하하는 방법이 미국과 달라요.

서로의 문화적 차이점을 설명할 때는 be different from(~과 다른)을 이용하여 말한다.

Korean customs of New Year's Day are **different from** those of China.
한국의 설날 풍습은 중국과 달라요.
The taste of *kimchi* is **different from** that of Japanese kimuchi.
김치의 맛은 일본 기무치의 맛과 달라요.

3 Traffic is very heavy on the highways. 교통체증으로 고속도로가 붐벼요.

Cars and buses are bumper to bumper on the highways.
고속도로에서는 차와 버스가 일렬로 꼬리에 꼬리를 물고 있어요.
Most people return to their hometown in spite of the severe traffic jam.
대부분의 사람들이 심한 교통체증에도 불구하고 고향으로 돌아가요.

4 A professional *ssireum* competition is held. 프로 씨름대회가 열려요.

어떤 행사가 열린다고 할 때는 be held나 take place라는 동사를 사용한다.

Traditional kite flying contests are **held** on the First Full-Moon Day.
전통적인 연날리기 대회가 정월 대보름에 열려요.
Big lantern parades **take place** on Buddha's Birthday.
부처님오신날에 대규모 연등행렬이 열려요.

나도 우리나라 홍보대사 〜

강강술래

이 놀이는 추석날 여성들이 하는 전통적인 놀이예요.

여성들은 한복이라는 아름다운 전통의상을 입고 함께 강강술래를 부르지요. 손에 손을 잡고 큰 원을 그리며 춤추면서 계속 돌아요.

이 놀이는 보름달 아래에서 하면 특히 인상적이고 아름다워요.

강강술래는 행복, 사랑, 장수에 대한 노래예요.

Ganggangsullae

It is a traditional play performed by women and girls on *Chuseok*.

They wear beautiful traditional clothes called "*hanbok*" and sing *ganggangsullae* together. Holding hands, they form a big circle and dance round and round.

It is especially impressive and beautiful when it is performed under a full moon.

The song *ganggangsullae* is about happiness, love and longevity.

씨름

씨름은 레슬링의 한 유형이에요.

두 선수가 각자 다른 사람의 허리와 허벅지에 메어 있는 긴 천(샅바)을 움켜쥐어요. 상대방을 먼저 땅 위에 쓰러뜨리는 사람이 이기는 거죠.

사람들은 경기에 직접 참여하거나, 설날에 TV를 통해 중계되는 프로 씨름대회를 즐겨 봐요.

Ssireum

Ssireum is a form of wrestling.

Two players grab each other by a long cloth tied around the waist and upper thigh. The one who makes the other fall to the ground wins.

People like to participate in the game or watch professional games on TV on *Chuseok*.

3. The wedding takes place at the bride's home.
혼례는 신부의 집에서 열려요.

결혼을 앞둔 한 외국인 커플이 전세계를 여행하며 가장 의미가 깊은 결혼식을 찾다가 우리의 전통혼례(traditional weddings)를 보고 나서는 우리 식으로 예식을 올렸다는 신문기사를 본 적이 있다. 우리 전통혼례는 그만큼 외국인에게도 깊은 의미를 전달할 수 있고, 이를 통해 우리의 문화를 자연스럽게 소개할 수 있다. 우리나라 예식에 참석했던 한 외국인이 예식이 끝난 후 폐백 드리는 모습을 보고는 한국의 전통혼례에 대해 이것저것 물어보던 기억이 난다.

전통혼례에 대해 설명을 할 때는 신랑이 신부의 집에 가서 혼례를 올린다는 점과 함께 예식의 절차를 간단히 얘기해 줄 수 있겠다. 주요 예식 과정을 살펴보면, 마당에 상을 차려놓고(set a table on the ground), 신랑과 신부가 마주 서며(stand facing each other), 두 사람이 서로 절을 하고(bow to each other), 술잔을 나눈다(serve rice wine). 각 과정이 갖는 의미가 무엇인지 구체적으로 설명할 수도 있겠지만, 예식의 의미를 지나치게 강조하다 보면 대화가 어려워질 수도 있다. 간단한 절차를 소개하고, 예식 이후에 있는 폐백 등의 관습에 대해 얘기하도록 하자.

# Dialogue

The wedding takes place at the bride's home.
혼례는 신부의 집에서 열려요.

(In a wedding hall)

Mihyeon   Is this your first time at a wedding in Korea?

Steve   Yes, it is.

Mihyeon   It's pretty much the same in your country, isn't it?

Steve   That's right. The bride wears a wedding dress and the groom wears a tuxedo.

Mihyeon   Well, a traditional Korean wedding is quite different.
The bride and groom wear traditional Korean clothes.
Also, the wedding takes place at the bride's home.

Steve   How does the wedding proceed?

Mihyeon   Well, a ceremonial table is set on the ground, and the bride and groom stand facing each other.
They bow to each other and serve rice wine several times.
At the last serving they exchange their wine cups.

Steve   That's quite interesting.

(예식장에서)

미현   한국에서 결혼식은 처음이에요?

스티브   네.

미현   당신 나라에서도 거의 똑같죠, 그렇죠?

스티브   맞아요. 신부는 웨딩드레스를 입고 신랑은 턱시도를 입어요.

미현   그런데, 전통 한국식 결혼은 아주 달라요.
신부와 신랑은 한국 전통의상을 입어요.
그리고, 혼례는 신부의 집에서 열리죠.

스티브   결혼식은 어떻게 진행돼요?

미현   의식용 상을 마당에 차리고, 탁자 양편에 신부와 신랑이 마주 보고 서죠.
두 사람은 서로 절을 하고 몇 차례 서로에게 술을 따라요.
마지막 술을 따를 때 서로 술잔을 교환해요.

스티브   참 흥미롭네요.

wedding 결혼식
take place 일어나다
bride 신부
wear ~을 입다
groom 신랑
tuxedo 턱시도, 남자 예복
quite 꽤
different 다른
proceed 진행하다
ceremonial 의식의
face v. 정면으로 대하다 n. 얼굴
bow 절하다, 고개 숙여 인사하다
last 마지막
exchange 교환하다

외국인이 꼭 물어보는 질문 Best 5

1 What's the traditional Korean wedding like?
한국의 전통혼례는 어떻게 치러져요?

신부의 집에서 열려요.	It takes place at the bride's home.
신랑과 신부는 전통예복을 입어요.	The bride and groom wear traditional ceremonial clothes.
의식에 쓰이는 상을 마당에 놓아요.	A ceremonial table is set on the ground.
상을 마주하고 서서 서로 절을 하고 술을 따라요.	Standing at opposite sides of the table, they bow to each other and serve rice wine.

2 What is this ceremony? 이 의식은 뭐죠?

우리는 그것을 폐백이라고 불러요.	We call it *Pyebaek*.
신부가 시댁 어른들께 특별한 음식을 드리고 인사를 올려요.	The bride serves special food and bows to senior members of the groom's family.
시댁 어른들은 신랑 신부에게 대추와 밤을 던지며 행복한 결혼생활을 기원해요.	The elder members throw dates and chestnuts toward the couple and wish them a happy marriage.
이 의식을 통해 신부는 시댁 식구의 일원이 돼요.	The bride becomes a member of the groom's family through this ceremony.

3 Are traditional Korean weddings still common?
전통혼례가 아직 흔한가요?

전통혼례를 하는 사람들은 드물어요.	Traditional weddings rarely take place.
젊은 사람들은 서구식 결혼을 선호해요.	Young people prefer western-style weddings.
지금은 결혼식을 보통 교회나 예식장에서 해요.	Weddings are now usually held in a church or a wedding hall.

4 What is the arranged marriage custom in Korea? 한국의 정혼 관습이란 어떤 거예요?

부모가 정해놓은 결혼을 말해요.	It is a marriage set up by parents.
두 사람은 부모 간에 합의가 이루어진 후에 결혼을 해요.	The couple gets married after an agreement between their parents.
이것은 두세 세대 전쯤에 행해졌던 풍습이에요.	This took place two or three generations ago.

5 Where do Koreans go for their honeymoon?
한국 사람들은 신혼여행을 어디로 가나요?

많은 신혼부부들이 해외로 신혼여행을 가요.	Many couples go abroad for their honeymoon.
제주도는 한국 신혼부부에게 인기 있는 또 하나의 신혼여행지예요.	Jeju Island is another popular honeymoon destination for Korean "newlyweds."

🈲 손쉽게 꺼내 쓰는 활용 만점 패턴

1 Is this your first time to a Korean wedding?
한국 결혼식에는 이번이 처음이에요?

외국인에게 우리 문화를 소개할 때, '~이 처음이에요?'라고 물을 수 있다.

Is this your first time to a Korean restaurant? 한국 식당에는 처음이에요?
Is this your first time to a traditional concert? 전통음악 연주회가 처음이에요?

2 You can see it at the Korean Folk Village.
그건 한국민속촌에서 볼 수 있어요.

외국인에게 관광 안내를 해줄 때 'You can...(~을 할 수 있어요)' 패턴이 아주 유용하다.

You can go to Korea House for a real traditional wedding.
실제 전통혼례를 보려면 '한국의 집'에 가보세요.
You can enjoy a panoramic view of Seoul from the tower.
그 타워에서 서울의 전경을 즐길 수 있어요.

3 This custom still remains. 이 관습은 아직 남아 있어요.

우리의 오래된 관습을 얘기하다 보면 그 관습이 아직 남아 있다거나, 사라지고 없다거나, 드물게 행해지고 있다거나 하는 표현을 하게 된다.

This custom is still in practice. 이 관습은 아직도 행해지고 있어요.
This tradition is almost gone. 이 전통은 거의 사라지고 없어요.
This custom has disappeared. 이 관습은 사라졌어요.

4 Arranged marriages were more common in the past.
과거에는 정혼이 더 흔했어요.

비교급 구문을 활용하여 현재의 풍습과 과거의 풍습을 비교하여 설명할 수 있다.

Love matches are more popular these days. 요즘은 연애결혼이 더 보편적이에요.
Love between the couple is more important than the other factors.
두 사람 사이의 사랑이 다른 요인들보다 더 중요해요.

사주

'사주(四柱)'는 한 사람의 일생을 떠받치는 네 개의 기둥이란 뜻이에요. 그것은 사람이 태어난 연, 월, 일, 시를 말해요. 이 출생 정보는 개인의 운명과 행운을 결정한다고 믿어지고 있어요. 따라서 일부 사람들은 점술가에게 자신의 출생 정보를 주고 자신의 운에 대해 듣기도 해요.

궁합

궁합은 출생 정보에 기초하여 부부를 맺어주려는 전통이에요. 그것은 두 사람이 결혼생활에서 조화를 이룰 수 있는지를 알아보는 것입니다.

과거에 궁합은 결혼에서 가장 중요한 요소 중 하나였어요. 심지어 궁합이 맞지 않으면 결혼이 성사되지 않기도 했지요. 그렇지만 이 관습은 점차 사라져가고 있어요.

띠

동양의 띠는 서양의 12궁과 비슷해요. 중국, 일본에서와 같이 한국에서도 한 사람의 띠는 중요해요.

띠를 대표하는 동물의 성품이 그 사람의 성격과 어느 정도 일치한다는 믿음 때문이죠.

매해는 한 가지 동물에 의해 대표되고, 12년마다 다시 돌아와요. 쥐, 소, 호랑이, 토끼, 용, 뱀, 말, 양, 원숭이, 닭, 개, 돼지가 그 12가지 동물을 순서대로 나열한 거예요.

Saju (Four Pillars)

Saju means four pillars that support one's life. They are the year, month, day, and hour of one's birth. This birth information is believed to determine one's fate and fortune. So some people give their birth information to a fortune teller to listen to their fortunes.

Gunghap (Marital Harmony)

Gunghap is a tradition which tries to match a couple based on their birth information. It is to see if they can be harmonized in their marriage.

In the past it was one of the most important factors in a wedding. Sometimes a wedding would not take place if the *gunghap* turned out bad. However, this tradition is gradually disappearing.

Animal Bands

Oriental animal bands are similar to the western zodiac. One's animal band is important in Korea, as it is in China and Japan.

It is because people believe that a person's character is linked to the animal representing the year one was born.

Each year is represented by an animal and it cycles every 12 years. Rat, ox, tiger, rabbit, dragon, snake, horse, sheep, monkey, rooster, dog, and pig are the twelve animals in the above order.

4. *Taegeuk* represents the harmony of yin and yang.

태극은 음과 양의 조화를 나타내요.

 우리나라의 태극기는 그 문양이 독특해서 외국인들은 곧잘 "당신 나라의 국기는 무엇을 상징합니까?(What does your national flag stand for?)"라고 묻는다. 특히 지난 월드컵 때 태극기의 물결을 보았던 외국인들은 태극기에 관심을 갖고 있다. 태극기에 대해 설명하는 것은 동양사상의 근간이자 우리 전통문화의 핵심이 되는 음양사상을 설명하는 좋은 계기가 된다.

음양의 개념은 미국 고등학교 교재에도 소개될 만큼 외국인에게도 그리 낯선 개념은 아니다. 태극기의 태극 문양(*taegeuk* circle)에 대해 설명하면서 음양의 개념을 자연스럽게 알려주고, 이 개념이 한국인의 삶에 어떻게 반영되어 있는지를 설명할 수 있도록 하자.

과거 우리의 삶은 거의 모든 부분이 음양사상과 관련이 있었으며, 아직도 침술 등 동양의학에서는 음양의 원리가 작용하고 있다. 따라서 이 개념을 잘 설명할 수 있다면 우리 문화와 문화재에 대해 더 다양한 설명이 가능해질 것이다.

음양은 영어로 yin and yang이라고 하는데, 이것은 음양의 중국어 발음이다. 태극기의 태극을 음양에 의해 설명하면, 외국인이 태극의 둘레에 있는 네 개의 괘에 대해서도 물을 수 있으므로 이에 대해서도 준비해 놓을 필요가 있다.

Taegeuk represents the harmony of yin and yang.
태극은 음과 양의 조화를 나타내요.

Steve | I saw thousands of Korean flags during the last World Cup.
Is there any special meaning in your national flag?

Mihyeon | Yes, it represents an eastern view of the universe.

Steve | Really? What is the circle in the center?

Mihyeon | We call it *taegeuk*.
It represents the harmony of yin and yang.

Steve | What are yin and yang?

Mihyeon | They're the two major forces in the universe.
Yin is negative while yang is positive.

Steve | That's interesting.
What are the bars in each corner?

Mihyeon | They represent heaven, earth, sun and the moon.

Steve | So the Korean flag represents perfect harmony
in our universe?

Mihyeon | That's right.

스티브 | 지난 월드컵 때 수천 개의 한국 국기를 보았어요.
당신 나라 국기에는 어떤 특별한 의미가 있나요?

미현 | 네, 그것은 우주에 대한 동양의 관점을 표현하고 있어요.

스티브 | 그래요? 가운데에 있는 둥근 원은 무엇인가요?

미현 | 태극이라고 하는 거예요.
그것은 음과 양의 조화를 나타내죠.

스티브 | 음과 양이 뭐죠?

미현 | 우주에 있는 두 개의 큰 힘을 나타내요.
양은 양성적인 힘인 반면에 음은 음성적인 힘이에요.

스티브 | 재미있네요. 각 구석에 있는 막대기는 뭐예요?

미현 | 하늘, 땅, 해, 달을 각각 나타내요.

스티브 | 그러니까, 한국의 국기는 우주의 완벽한 조화를 나타내는 거네요?

미현 | 맞아요.

---

represent 나타내다
harmony 조화
yin 음(陰)
yang 양(陽)
flag 기(旗)
meaning 의미
eastern 동양의
view 관점
universe 우주
circle 원
major 주요한, 큰, 대다수의
force 힘, 에너지
negative 부정적인, 음성의
positive 긍정적인, 양성의
bar 막대기, 막대기 모양의 것

외국인이 꼭 물어보는 질문 Best 5

1 What does the Korean flag stand for?
한국 국기는 무엇을 상징하죠?

우주의 조화를 나타내요.

It stands for the harmony in the universe.

가운데의 태극 무늬는 음양의 조화를 상징해요.

The *Taegeuk* circle in the center symbolizes harmony of yin and yang.

각 구석에 있는 막대기는 하늘, 땅, 불, 물 등 우주의 네 가지 구성요소를 상징해요.

The bars in each corner stand for the four elements of the universe, which are heaven, earth, fire and water.

2 What is the meaning of yin and yang?
음과 양은 무엇을 의미해요?

양은 양성적인 힘을, 음은 음성적인 힘을 말해요.

Yang is a positive force and yin is a negative force.

우리는 두 힘이 서로 떠받친다고 믿어요.

We believe that they support each other.

결코 한 힘이 다른 힘보다 더 중요하지는 않아요.

Neither one is more important than the other.

단 하나 중요한 것은 둘 사이의 균형과 조화예요.

The only important thing is balance and harmony between them.

3 In what parts of Korean culture are yin and yang important? 한국 문화의 어떤 부분에서 음과 양이 중요해요?

우리는 음과 양이 삶의 모든 부분에서 중요하다고 믿어요.

We believe that they are important in every field of our life.

특히 전통적인 의술에서 중요해요. They are particularly important in traditional medicine.

4 Who designed the Korean flag? And when?
누가 태극기를 만들었어요? 그리고 언제 만들었죠?

정말로 디자인한 사람이 누구인지에 대해서는 논쟁이 있어요. There's a debate about who really designed it.

조선시대 고종임금이 디자인했다고 해요. It is said that King Gojong from the Joseon dynasty designed it.

1882년에 일본에 수신사로 갔던 박영효가 처음 사용했어요. It was first used by Park Yeong-hyo, a foreign envoy to Japan in 1882.

5 What is the national flower of Korea?
한국의 국화는 무엇이죠?

무궁화예요. That's *Mugunghwa*, the rose of Sharon.

무궁화는 영원한 꽃이라는 뜻이에요. *Mugunghwa* means eternal flower.

잡초, 벌레, 혹한을 잘 이겨내요. It can withstand weeds, insects and cold weather.

이 꽃은 한국의 자생식물이며, 수백 년 동안 한국인의 사랑을 받아왔어요. It's an indigenous flower in Korea and has been loved by Koreans for centuries.

🌀 손쉽게 꺼내 쓰는 활용 만점 패턴

1 *Taegeuk* stands for the harmony of yin and yang.
태극은 음과 양의 조화를 상징해요.

우리 전통문화의 의미를 설명하다 보면 '~을 상징하다(stand for)'라는 표현을 자주 하게 된다.

Yang stands for male force. 양은 남성적 힘을 상징해요.
A goose stands for faithfulness to one's mate. 기러기는 배우자에 대한 충절을 상징해요.

2 Yin is a negative force, while yang is a positive force.
양은 양성적 힘인 반면, 음은 음성적 힘이에요.

서로 대조되는 내용을 비교해서 말할 때 while(~인 반면)이라는 접속사를 활용해 보자.

Yin is linked to earth and darkness, while yang to heaven and light.
양은 하늘, 빛과 연결된 반면, 음은 땅, 어둠과 연결되어 있어요.
The bride prepares the furniture, while the groom finds a house to live in.
신랑은 집을 마련하는 반면, 신부는 가구를 장만해요.

3 Our health depends on the balance of yin and yang.
우리의 건강은 음과 양의 균형에 달려 있어요.

'~은 ~에 의해 좌우된다, ~에 달려 있다'고 말할 때는 depend on이나 rely on을 사용해서 말한다.

The well-being of our life depends on the harmony of yin and yang.
삶의 행복은 음양의 조화에 달려 있어요.
We increasingly rely on computers to collect information.
우리는 정보를 수집하기 위해 점점 더 컴퓨터에 의존해요.

4 Acupuncture is based on the yin and yang principle.
침술은 음양의 원리에 기초해요.

동양사상이나 한방 등을 설명할 때, (이러한 것들이) '~에 기초한다(be based/grounded on)'는 말을 자주 한다.

Oriental medicine is based on the yin and yang principle.
동양의학은 음양의 원리에 기초하고 있어요.
Oriental fortune-telling is grounded on the yin and yang principle.
동양점술은 음양의 원리에 근거하고 있어요.

나도 우리나라 홍보대사

침술

침술은 동양에서 수천 년 동안 시술되어 왔어요.

침술은 신체의 특정 부분을 자극함으로써 몸이 스스로 치유되도록 도와줘요. 즉, 침술은 신체가 균형과 조화를 갖도록 도와주지요. 그것은 중국 의학의 음양의 원리에 근거하고 있어요. 침술은 특히 삔 발목과 요통에 효과가 있어요.

한국에는 많은 침술가가 있으며, 한의원에서 침술 치료를 받을 수 있어요.

Acupuncture

Acupuncture has been practiced for thousands of years in oriental countries.

By stimulating certain parts of the body, it helps cure your body by itself. In other words, acupuncture helps to balance and harmonize your body. It is based on the yin and yang principle of Chinese medicine. It's especially effective for a sprained ankle and backache.

There are many acupuncturists in Korea and you can be treated by acupuncture at a traditional herb clinic.

무궁화 : 국화(國花)

무궁화는 한국의 국화예요.

한국인들은 수백 년 동안 이 꽃을 사랑해 왔어요. 이 꽃은 한국인들의 정신과 밀접한 관련이 있어요.

무궁화는 한국어로 '영원한 꽃' 또는 '무한한 꽃'이라는 의미를 갖고 있어요.

이것은 한국의 역사와 매우 유사해요. 한국은 중국, 일본과 같은 이웃 나라들의 많은 침략을 이겨냈거든요.

Mugunghwa (The National Flower)

Mugunghwa, the Rose of Sharon, is the national flower of Korea.

Koreans have loved this flower for centuries. The flower is closely related to the spirits of Korean people.

Mugunghwa means "eternal flower" or "endless flower" in Korean.

This is quite similar to the history of Korea. Korea survived many invasions from neighboring countries such as China and Japan.

5. Are you interested in traditional music?
전통음악에 관심 있어요?

우리의 전통음악 중 외국인에게 가장 잘 알려진 것은 타악기(percussion instruments)로 연주되는 사물놀이와 농악이다. 그 중 사물놀이는 관현악단, 재즈악단, 대중음악가 등과의 협연 및 많은 해외공연을 통해 외국인들에게 인지도를 넓혀왔다. 여행안내서에서 공연 사진을 보았거나 얘기를 들은 적이 있는 외국인은 이 음악이 어떤 종류의 음악이며(What kind of music is this?), 연주에 사용되는 악기들은 무엇인지(What instruments are they playing?) 물어본다.

사물놀이, 농악과 함께 최근 외국인의 관심을 끌고 있는 것으로 판소리가 있다. 특히 판소리는 유네스코에 의해 '인류 구전 및 무형유산 걸작'으로 선정되기도 했는데, 서양에는 이와 유사한 음악장르가 없기 때문에 설명하기가 쉽지 않다. 유네스코 공식사이트에서는 판소리를 서사시적 노래(Epic Chant)로 등재하고 있는데, 이는 잘못된 번역이다. 춘향가 등의 판소리가 영웅담을 담은 서사시의 범주에 들지 않을 뿐더러, 단조로운 리듬이 반복되는 챈트(Chant)도 다양한 장단을 갖고 있는 판소리를 칭하기엔 적합하지 않다. 외국인들에게 판소리가 어떤 음악이며 어떤 매력이 있는지, 판소리에는 어떤 이야기가 있는지 등에 대해 얘기할 수 있도록 준비해 두자.

🌀 Dialogue

Are you interested in traditional music?
전통음악에 관심 있어요?

Mihyeon What are you doing?

Steve I'm listening to pop music.

Mihyeon Are you interested in traditional Korean music?

Steve Yes, I am. I once saw four men playing traditional music.
The rhythms were fascinating.
Do you know what I'm talking about?

Mihyeon I think you're describing *samulnori*.

Steve Is it indigenous Korean music?

Mihyeon Yes, it is. It has its root in traditional farmers' music.

Steve What's the difference between them?

Mihyeon Farmers' bands stand and dance, but *samulnori* bands sit
and concentrate only on rhythms.

Steve I kind of like *samulnori*.

Mihyeon I know. It's popular among foreigners.

미현	뭐 하고 있어요?
스티브	팝음악을 듣고 있어요.
미현	한국 전통음악에 관심 있어요?
스티브	네. 네 사람이 전통음악을 연주하는 것을 한 번 본 적이 있어요.
	리듬이 환상적이었어요.
·	제가 지금 무엇을 얘기하고 있는지 아시겠어요?
미현	사물놀이를 말씀하시는 것 같네요.
스티브	그것은 한국의 토속적인 음악인가요?
미현	네. 사물놀이는 전통적인 농악에 뿌리를 두고 있어요.
스티브	두 음악에는 어떤 차이가 있나요?
미현	농악대는 서서 춤을 추지만,
	사물놀이패는 앉아서 리듬에만 열중해요.
스티브	나는 사물놀이가 마음에 들어요.
미현	알아요. 사물놀이는 외국인들 사이에서 인기가 있어요.

be interested in ~에 관심이 있는
music 음악
listen to ~을 듣다
once 한 번, 예전에
rhythm 리듬
fascinating 환상적인, 멋진
describe 묘사하다
indigenous 토속적인
root 뿌리
farmer 농부
farmers' music 농악
band 음악대, 악단
concentrate 집중하다
kind of 글쎄, 어쩐지 (불확실함을 표현)

🔊 외국인이 꼭 물어보는 질문 Best 5

1 What is *samulnori*? 사물놀이가 뭐예요?

4중주 음악이란 뜻이에요.	It means quartet music.
꽹과리, 징, 북, 장구가 사용돼요.	Small and large gongs, barrel and hourglass drums are used.
1978년에 소공연장에서 처음 공연된 이래 폭발적인 인기를 얻었어요.	It has gained explosive popularity since it was first performed in a small concert hall in 1978.
굉장히 흥겨워서 축제 때 자주 연주돼요.	It is so exciting that it's often performed in festivals.

2 What is *nong-ak*? 농악이 뭐예요?

농악은 농부들의 음악이라는 뜻이에요.	*Nong-ak* means farmers' music.
농악은 고대 한국의 음악과 춤에서 유래한 것이에요.	It originated from music and dance in ancient Korea.
흥을 돋우기 위해 축제행사 때 종종 연주해요.	It's usually played on festive occasions to arouse excitement.

3 What is *pansori*? 판소리가 뭐예요?

| 한국의 전통적인 이야기체 노래예요. | It's traditional Korean narrative song. |
| 소리꾼이 고수의 장단에 맞춰 옛날 이야기를 해요. | A singer tells the time-honored stories to the beat of a solo drummer. |

극적인 효과를 만들어내기 위해 노래와 연기, 이야기를 결합한 거예요. | It combines singing, acting, and narration to create a dramatic effect.

4 Could you tell me the story of *Chunhyangga*?
춘향가의 줄거리를 말해 주실 수 있나요?

서로 다른 신분을 가진 두 젊은 이의 사랑이야기예요. | It's a love story about a young couple who were from different social circles.

여주인공인 춘향은 전통적인 한국 여성의 이상적 이미지를 보여 줘요. | Chunhyang, a heroine, shows an ideal image of a traditional Korean woman.

영어를 비롯한 많은 외국어로 번역되었어요. | It has been translated in many languages including English.

5 Do Koreans listen to western music?
한국 사람들은 서양 음악을 듣나요?

젊은이들은 서양 팝음악을 많이 좋아해요. | Youngsters like western pop music a lot.

많은 한국인들이 서양 고전음악도 좋아해요. | Many Koreans like western classical music, too.

🌀 손쉽게 꺼내 쓰는 활용 만점 패턴

1   I would recommend *pansori*. 판소리를 추천하고 싶어요.

동사 앞에 조동사 would를 함께 쓰면 공손한 표현이 된다.

I'd recommend *changgeuk*, a Korean style opera.
한국식 오페라인 창극을 추천하고 싶어요.

I would suggest *Nanta*, a hit performance on Broadway.
브로드웨이에서 인기를 끈 공연인 〈난타〉를 제안하고 싶어요.

2   *Samulnori* is a modern version of the farmers' music.
사물놀이는 농악의 현대판이에요.

'~의 변형'이라고 말할 때는 흔히 a version of ... 또는 a variation of ...라는 표현을 쓴다.

Changgeuk is a Korean version of western opera. 창극은 서양 오페라의 한국판이에요.
Changgeuk is a 20th-century variation of *pansori*. 창극은 판소리의 20세기식 변형이에요.

3   It consists of four percussion instruments.
그것은 4개의 타악기로 구성되어 있어요.

'~로 구성된다'고 말할 때 consist of는 능동태로, be composed of는 수동태로 말해야 한다는 것에 주의하자.

Nong-ak consists of percussion instruments and a few wind instruments.
농악은 타악기들과 몇 개의 관악기로 구성되어 있어요.

Pansori is composed of a solo singer and a drummer.
판소리는 한 명의 소리꾼과 한 명의 고수로 구성되어 있어요.

4   Koreans love to listen to *pansori*. 한국인들은 판소리 듣는 것을 좋아해요.

취향을 말하면서 '~하는 것을 좋아한다'고 할 때는 「like/love+to 부정사」나 「like/love+동명사」를 쓴다.

Korean women like to wear *hanbok* on special occasions.
한국 여성들은 특별한 행사에서 한복을 즐겨 입어요.

Many youngsters really like listening to western pop music.
많은 젊은이들이 서양의 팝음악을 듣는 것을 정말 좋아해요.

나도 우리나라 홍보대사

창극

창극은 판소리의 20세기 버전이라고 할 수 있어요.

판소리는 한 사람의 소리꾼에 의해 공연되기 때문에 현대 사회의 대규모 극장에는 잘 맞지 않았지요. 이러한 문제점을 해결하기 위해서 창극이라고 하는 새로운 형태의 음악 장르가 탄생했어요.

창극은 전통 판소리의 역할을 몇 사람의 가수들이 나눠 맡아요. 현대 창극에서는 심지어 수많은 가수들이 판소리의 배역을 맡아 연기하기도 하지요.

이 가수들은 중국의 경극이나 서양의 오페라에서와 같이 전통의상을 입고 분장을 해요.

농악

농악은 타악기 악대에 의해 연주되는 농부들의 음악이에요. 이 악대는 징, 꽹과리, 소고, 북, 장고 등으로 구성되어 있어요. 때때로 관악기가 악대에 추가되기도 해요.

농악은 고대 한국의 공동체 의식에서 거행되었던 춤과 음악에서 나온 거예요. 농악은 역사를 통해 농사일과 밀접하게 관련되어 있어요. 오늘날 농악은 마을 의식의 중요한 한 부분이며, 인기 있는 여흥의 한 형태예요.

Changgeuk

Changgeuk is a twentieth-century version of *pansori*.

As *pansori* is performed by a solo singer, it was not well-suited for the large theaters of modern society. In order to solve this problem a new musical genre called *changgeuk* was born.

Changgeuk divides the *pansori* roles among several singers. Even in modern *changgeuk*, numerous singers play *pansori* roles.

They wear traditional costumes and make-up as in western or Chinese operas.

Nong-ak

Nong-ak is farmers' music performed by a percussion band. It consists of large and small gongs, small drums, barrel drums and hourglass drums(*janggo*). Sometimes wind instruments are added to the band.

Nong-ak is derived from dance and music performed at community rituals in ancient Korea. Throughout history it was closely linked to farm work. Today, it is an important part of village rites and a popular form of entertainment.

6. Confucian tradition is deeply rooted.
유교적 전통이 뿌리 깊어요.(종교)

처음 외국인을 만났을 때 종교에 대해 얘기하는 것은 적절하지 않다. 그렇지만 개인적 믿음이 아닌 문화적 차원에서라면 종교는 좋은 대화의 주제가 될 수 있다. 유교는 우리의 전통문화를 소개할 때 설명이 필요한 부분이다. 유교는 종교가 아니라 한국의 사회 윤리이며, 유교적 전통은 아직도 우리 사회에 뿌리 깊게 남아 있다고(Confucian tradition is deeply rooted in Korean society.) 말할 수 있을 것이다.

불교는 유교와 더불어 우리의 전통문화와 밀접한 관련이 있기 때문에 종종 대화의 주제가 된다. 특히 외국인과 함께 우리의 사찰이나 문화재를 둘러볼 때면 불교에 대한 약간의 설명이 필요하다. 불교는 과거에 오랫동안 우리의 국교였으며, 유교사회였던 조선시대에도 불교의 영향이 지속될 정도로 불교는 과거에 가장 강력한 종교였다고(Buddhism was the most powerful religion in the past.) 간단히 소개할 수 있을 것이나.

한편 우리나라의 종교를 소개할 때 외국인이 흥미로워하는 측면은 기독교 신자가 중국, 일본과 비교하여 매우 많다는 사실이다(Compared with China and Japan, there are many more Christians in Korea). 외국인들과 한국의 기독교에 대해서도 간단히 대화할 수 있도록 준비해 놓자.

🗨 Dialogue

Confucian tradition is deeply rooted.
유교적 전통이 뿌리 깊어요.

Steve   I saw young people give seats to old people on the subway train. How nice!

Mihyeon   Yes. That's how we're taught.

Steve   Who taught it?

Mihyeon   Well, it's a Confucian custom.
Confucianism is deeply rooted in Korean society.

Steve   Can you tell me a little more about it?

Mihyeon   Well, Confucian teaching emphasizes service to parents and ancestors.

Steve   I see.

Mihyeon   It is a basic form of love, and should be extended to other human relationships.
Humaneness towards others, "*In*" in Korean, is the highest value in the Confucian teaching.

Steve   It's similar to the Christian love, I guess.

스티브	지하철에서 젊은이들이 노인들에게 자리 양보하는 것을 보았어요. 정말 보기 좋아요!
미현	네. 우리는 그렇게 배웠어요.
스티브	누가 가르쳤지요?
미현	글쎄요, 그건 유교적 관습이에요. 한국 사회에는 유교적 전통이 뿌리 깊어요.
스티브	그것에 대해 좀더 말해 줄 수 있어요?
미현	유교의 가르침은 부모와 조상을 섬기라고 강조해요.
스티브	그렇군요.
미현	그것은 사랑의 기본 형태이며, 다른 인간관계로 확대되어야 해요. 다른 사람에 대한 인간적 애정을 한국어로 '인'이라고 하는데, 유교의 가르침에서 가장 높은 덕목이에요.
스티브	기독교적 사랑과 비슷한 것 같네요.

Confucian 유교의
deeply 깊이
root 뿌리내리다
seat 좌석
Confucianism 유교
teaching 가르침
emphasize 강조하다
basic 기초적인
extend 확장하다
relationship 관계
humaneness 인간애
towards ~을 향한, ~ 쪽으로
similar to ~과 비슷한

● 외국인이 꼭 물어보는 질문 Best 5

1 What is Confucianism? 유교가 뭐예요?

사회적 윤리에 관한 거예요.	It is about social morals.
사회 정의와 예의범절을 강조해요.	It emphasizes social righteousness and manners.
올바른 인간관계를 강조해요. 예를 들면, 부모에 대한 효, 어른에 대한 공경, 친구 간의 신의 등이에요.	It emphasizes proper human relationship. For example, devotion to parents, respect for the elderly and loyalty among friends.

2 Is Confucianism taught in public schools?
유교를 공립학교에서 교육합니까?

종교과목으로 가르치지 않아요.	It is not taught as a religious subject.
그보다는 한국 관습의 일부분이에요.	It is more a part of Korean custom.
대부분의 한국인들이 자신의 종교와 상관없이 유교적 가치를 실천해요.	Most Koreans practice Confucian values regardless of their religion.

3 Is Christianity a popular religion in Korea?
기독교는 한국에서 대중적인 종교인가요?

네, 그래요. 불교신자만큼 기독교신자도 많아요.	Yes, it is. There are as many Christians as Buddhists.
중국, 일본과 비교해서 한국에는 기독교 신자가 훨씬 많이 있어요.	Compared with China and Japan, there are many more Christians in Korea.
기독교는 20세기에 급성장했어요.	Christianity grew rapidly in the 20th century.

4 How popular is Buddhism in Korea now?
현재 한국에서는 불교가 얼마나 대중적이에요?

불교는 과거만큼 그렇게 강력하지 못해요.	Buddhism is not so powerful as it was in the past.
현재 한국 총인구의 약 1/4 정도가 불교신자예요.	Presently about one fourth of the total population in Korea are Buddhists.
과거에는 불교가 천 년 이상 국교였기 때문에 대부분의 한국인들이 불교신자였어요.	In the past most Koreans were Buddhists because it was the state religion for over a thousand years.
유교가 국교였던 조선시대에도 대부분의 사람들은 불교를 믿었어요.	Even in the Joseon dynasty when the state religion was Confucianism, most people believed in Buddhism.

5 What are the beliefs of Korean Shamanism?
한국 샤머니즘의 믿음은 무엇인가요?

사람뿐 아니라 자연의 모든 곳에 신령이 있다고 믿어요.	It believes that spirits are everywhere, not only in human beings, but also in nature.
한국 샤머니즘의 한 가지 중요한 특징은 죽은 사람의 영혼에 대한 깊은 믿음이에요.	An important aspect of Korean Shamanism is its deep belief in the soul of the dead.
무당이 죽은 사람과 산 사람 사이의 갈등을 풀어줄 수 있다고 여겨요.	The shaman is expected to resolve conflicts between the living and the dead.

🌸 손쉽게 꺼내 쓰는 활용 만점 패턴

1 Are you familiar with Confucianism? 유교를 잘 아세요?

유교와 같이 외국인들이 잘 알지 못하는 우리 문화를 얘기하고자 할 때 '~에 대해 잘 아세요?'라고 물으면 자연스럽게 대화를 시작할 수 있다.

Are you familiar with Buddhism? 불교에 대해 잘 아세요?
Are you familiar with Korean Shamanism? 한국의 무속신앙에 대해 잘 아세요?
Are you acquainted with Christianity in Korea? 한국에서의 기독교에 대해 잘 아세요?

2 It is deeply rooted in our minds. 그것은 우리 마음속에 깊이 뿌리내려 있어요.

우리의 전통적 가치관이나 관습에 대해 얘기하다 보면 이런 것들이 우리 사회나 우리들의 마음속에 깊이 자리 잡고 있다는 말을 하게 된다.

This belief deeply resides in our minds. 이 믿음은 우리 마음속에 깊게 자리하고 있어요.
This custom is embedded in Korean culture. 이 관습은 한국문화에 깊이 스며 있어요.

3 It emphasizes proper human relationships.
그것은 올바른 인간관계를 강조해요.

유교와 불교, 기독교 등의 핵심 사상을 설명하고자 할 때 '~을 강조한다'는 표현을 쓸 수 있다.

It puts emphasis on social morals. 사회적 도덕을 강조해요.
It puts stress on the love for humankind. 인류에 대한 사랑을 강조해요.
It stresses giving things to others in need. 어려운 사람에게 보시(布施)하는 것을 강조해요.

4 It is based on the Confucian teaching. 그것은 유교적 가르침에 근거해요.

우리의 믿음이나 관습이 어디에 기초하고 있다는 설명을 하고자 할 때 be based/grounded on을 쓸 수 있다.

Shamanism is based on the belief that spirits are in natural objects.
샤머니즘은 신령이 자연 속의 사물에 존재한다는 믿음에 근거해요.

This custom is grounded on the belief that birth data determines one's fortune. 이 관습은 사주(출생 정보)가 운명을 결정한다는 믿음에 근거해요.

나도 우리나라 홍보대사

불교

불교는 천 년이 넘는 기간 동안 한국의 국교였어요. 이로 인해 한국 전역에는 많은 절이 있지요.

불교는 우리에게 세속적 욕망에서 벗어나라고 가르쳐요. 그렇게 함으로써 진정한 마음의 평화를 얻을 수 있어요. 불교는 또한 어려운 사람에게 보시하는 것을 강조해요. 이것은 기독교의 사랑과 비슷해요.

한국인들은 음력 4월 8일에 부처의 탄신일을 경축해요. 많은 사람들이 이날 절을 방문하며, 한국 곳곳의 거리에서는 대규모의 연등행렬이 펼쳐져요.

Buddhism

Buddhism was the state religion for over a thousand years in Korea. This is why there are many temples all around the country.

Buddhism teaches us to overcome worldly desires. By doing so, we can obtain true peace of mind. It also emphasizes giving things to others in need. It is similar to Christian love.

Koreans celebrate Buddha's birthday on the 8th day of the fourth lunar month. Many people visit temples and there are big lantern parades on the streets everywhere in Korea.

기독교

기독교는 지난 세기 한국에서 급속하게 성장했어요. 현재 한국에는 불교신자 만큼이나 많은 기독교신자들이 있어요.

기독교는 17세기에 선교사를 통해서가 아니라 기독교 서적을 통해 한국에 소개되었어요. 처음에는 전통사회와 갈등이 있었어요. 많은 기독교인들이 체포되어 처형당했어요. 일부 한국인들은 유교사회에서 가장 중요한 사회규범인 조상에게 제사 지내는 것을 거부했어요.

19세기 말에 조선왕국이 서구 국가들에게 문호를 개방한 이후 많은 선교사들이 한국에 들어왔어요. 기독교는 꾸준히 성장했으며, 더 이상의 심각한 갈등은 없었어요. 성탄절은 석가탄신일과 마찬가지로 한국에서 공휴일이지요.

Christianity

Christianity grew rapidly in Korea in the last century. There are as many Christians as Buddhists in Korea now.

Christian belief was introduced to Korea in the 17th century through Christian books, not through missionaries. At first there was some conflict with traditional society. Many Christians were arrested and killed. Some Koreans refused to perform a ritual service for their ancestors which was the most important social norm in Confucian society.

Many missionaries came to Korea after the Joseon kingdom opened its door to Western countries in the late nineteenth century. Christianity grew steadily and there was no more serious conflict. Christmas is a holiday in Korea like Buddha's birthday.

Chapter 4

우리나라
관광지
둘러보기

1. I'd recommend Gyeongbokgung.
경복궁을 추천하겠어요.

한국을 방문한 외국인들은 고궁(old palaces)에 한 번쯤 가보고 싶어한다. 고궁은 우리 고유의 건축양식으로 지어져 다른 나라에서 볼 수 없는 독특한 멋을 지니고 있으며, 우리의 역사가 살아 숨 쉬는 곳이다. 서울에는 도심 가까이에 고궁이 여러 곳 있다. 이 중 추천할 만한 고궁을 하나 정도 골라서 어떻게 안내할 것인지 준비해 두도록 하자.

경복궁은 외국 관광객이 가장 많이 찾는 궁으로 선정된 적이 있다(It was voted as the most visited palace by foreign tourists). 경복궁은 조선왕조의 정궁으로 건립된 만큼 웅장한 멋이 있지만, 파괴와 재건축의 슬픈 역사를 갖고 있기도 하다. 일제는 이 자리에 총독부 건물을 세우기도 했으며, 200개가 넘는 궁 안의 전각이 일제 강점기에 거의 파괴되었다.

외국인과 함께 경복궁을 돌아볼 기회가 생기면 고궁의 역사와 함께 근정전, 경회루 등 고궁 내부 건축물에 대해 설명할 수 있도록 사전에 준비해 놓을 필요가 있다. 특히 조선의 역사와 더불어 궁에서 일어난 역사적 사건 등을 얘기해 준다면 외국인이 상당히 흥미로워할 것이다.

🌸 Dialogue

I'd recommend Gyeongbokgung.
경복궁을 추천하겠어요.

Steve	I'd like to see some of Seoul.
Mihyeon	There are many old palaces in Seoul.
	Would you like to visit them?
Steve	Yes, I'd like to.
	Which one do you recommend?
Mihyeon	I'd recommend Gyeongbokgung.
	It is the palace most visited by foreigners.
Steve	That's good.
	Can you tell me a little about the palace?
Mihyeon	Sure. It was the main palace of the Joseon dynasty.
	It was originally built in the late 14th century.
Steve	I'd like to visit there sometime with you.
Mihyeon	I'd be glad to take you there.
Steve	Thank you.

스티브	서울을 좀 둘러보고 싶어요.
미현	서울에는 고궁이 많아요.
	고궁을 방문하고 싶으세요?
스티브	네, 그러고 싶어요. 어떤 궁을 추천하시겠어요?
미현	경복궁을 추천하겠어요.
	경복궁은 외국인들이 가장 많이 방문하는 궁이에요.
스티브	좋네요. 그 궁에 대해 조금 얘기해 주시겠어요?
미현	네. 그 궁은 조선왕조의 정궁이었어요.
	원래 14세기 말엽에 지어졌지요.
스티브	언제 한번 같이 방문하고 싶군요.
미현	기꺼이 모시고 갈게요
스티브	고마워요.

recommend 추천하다
palace 궁궐
visit 방문하다
main 주된
dynasty 왕조
originally 원래
build ~을 짓다
century 세기
take ~을 데리고 가다

외국인이 꼭 물어보는 질문 Best 5

1 Which palace would you recommend?
어떤 궁을 추천하시겠어요.?

경복궁을 한번 방문해 보세요.	Why don't you visit Gyeongbokgung?
경복궁은 조선 왕조의 정궁으로서 웅장한 건물들이 많아요.	Gyeongbokgung was the main palace of the Joseon dynasty and has many magnificent buildings.
외국 방문객들은 경복궁을 방문하기를 좋아해요.	Foreign visitors like to visit Gyeongbokgung.

2 Where is Gyeongbokgung? 경복궁은 어디에 있죠?

서울 도심에 있어요.	It's in downtown Seoul.
서울 시청에서 가까워요.	It's near the City Hall.
지하철 3호선을 타고 경복궁역에서 내리세요.	Take subway Line 3 and get off at Gyeongbokgung station.

3 How old is this palace? 이 궁은 얼마나 오래되었죠?

그 궁은 600여 년 전에 지어졌어요.	It was built over 600 years ago.
14세기 말에 지어졌어요.	It was built in the late 14th century.
그 궁은 1990년대에 원래의 모습대로 재건되었어요.	It was restored to its original state in the 1990s.

4 Why has Gyeongbokgung been built and rebuilt so many times? 경복궁은 왜 몇 번이나 다시 지어졌나요?

16세기 일본과의 전쟁 후에 폐허로 남았어요.

It was left in ruins after the war with Japan in the 16th century.

19세기에 완전히 재건축되었습니다.

It was rebuilt completely in the 19th century.

대부분의 건물과 누각들이 일제 식민통치 기간 중에 파괴됐어요.

Most halls and pavilions were destroyed during the Japanese colonial rule.

5 Why did the Japanese destroy many old palaces? 왜 일본인들은 많은 고궁을 파괴했어요?

고궁들이 한국이 독립국가임을 나타내는 상징적 장소였기 때문이죠.

Because the old palaces were symbolic places representing Korea as an independent nation.

일본 사람들은 한국의 민족 정기를 파괴하기 위해 무슨 짓이든 했어요.

The Japanese did anything to destroy the national spirit of Korea.

그들은 한국의 역사를 왜곡하고 한글의 사용을 금지했어요.

They distorted Korean history and banned the Korean language.

손쉽게 꺼내 쓰는 활용 만점 패턴

1 There are many halls and pavilions in the palace.
궁에는 건물과 누각이 많이 있어요.

관광 안내를 하면서 어떤 장소에 무엇이 있는지 얘기해 줄 때 자주 활용할 수 있는 것이 There is/are 구문이다.

There is a beautiful pavilion built on a pond. 연못 위에 지어진 아름다운 정자가 있어요.

There's another beautiful pavilion named Hyangwonjeong at the back of the palace. 궁 뒤편에 향원정이라고 하는 아름다운 정자가 또 하나 있어요.

2 You'd better visit the museum. 그 박물관에 가보는 게 좋을 거예요.

외국인이 가보면 좋은 곳, 해보면 좋은 일 등을 추천할 때 사용할 수 있는 표현을 알아두자.

You should visit Gyeonghoeru. 경회루를 꼭 방문하세요.

Don't forget to take pictures using the pavilion as a backdrop.
그곳에서 누각을 배경으로 사진 찍는 것을 잊지 마세요.

You don't want to miss the National Folk Museum.
국립민속박물관을 그냥 지나치시면 안 돼요.

3 Here the kings conducted state affairs. 여기서 왕들이 국사를 보았어요.

In this hall the kings of Joseon dynasty received foreign envoys.
이 건물에서 조선의 왕들이 외국 사신들을 접견했어요.

Parties were held here for foreign guests. 여기서 외국 사신들을 위해 연회가 열렸어요.

4 I'd be glad to. 기꺼이 그렇게 하지요.

상대방의 제안을 흔쾌히 받아들일 때 사용하는 간단한 표현들을 익혀두자.

I'd be happy to. 기꺼이 그렇게 할게요.

That's a good idea. I'd like to. 좋은 생각이에요. 그렇게 하고 싶어요.

It would be my pleasure. 기꺼이 할게요.

근정전

근정전은 경복궁의 정전(正殿)이었어요. 여기서 조선의 왕들은 국사를 수행하고 외국 사신들을 접견했지요.

건물은 2층으로 된 석축기단(石築基壇) 위에 건립되고, 이중 지붕을 갖고 있어요. 실내는 천장이 높아서 웅대해요. 이러한 모든 요소들은 왕의 권위를 표현하고 있어요.

Geunjeongjeon Hall

Geunjeongjeon was the main hall of Gyeong-bokgung. Here the kings of Joseon conducted state affairs and received foreign envoys.

The building was constructed on a two-tiered stone platform, and has a double roof. The hall is spacious with a high ceiling. All these elements express the authority of the king.

경회루

경회루는 정전 근처의 인공 연못 위에 세워진 누각이에요. 외국 사신들을 위한 연회가 여기서 열렸어요.

경회루는 높은 돌기둥과 웅장한 모양의 지붕(팔작지붕)으로 된 2층 구조물이에요.

경회루는 아름다워서 방문객들은 이 누각을 배경으로 사진 찍는 것을 좋아해요.

Gyeonghoeru Pavilion

Gyeonghoeru is a pavilion built on an artificial pond near the main hall. Banquets were held for foreign envoys here.

The pavilion has two stories with tall stone pillars and a grand-style roof.

It is beautiful and the visitors like to take pictures using this as a backdrop.

2. We will visit Changdeokgung.
창덕궁을 방문할 거예요.

경복궁에서 자동차로 불과 몇 분 안 되는 거리에 창덕궁이 있다. 창덕궁은 1996년에 유네스코에 의해 세계문화유산(World Heritage)으로 지정되면서 국제적인 명성을 얻기 시작했다. 창덕궁과 연결되어 있는 종묘도 창덕궁보다 한 해 앞서서 세계문화유산으로 지정되었다.

창덕궁은 서울의 다른 궁들과 비교하여 원형이 잘 보존된 편이며, 궁 안에 있는 비원은 자연과 조화를 이룬 독특한 우리의 정원 양식을 보여주고 있다(It shows the typical garden design of Korea). 종묘의 경우도 16세기 이후 원형이 거의 그대로 보존되어 있고, 전통적인 제사의식을 거행했던 전형적인 유교 사당이라는 점에서 유네스코가 인류의 문화유산으로 지정하였다.

외국인들은 세계문화유산으로 지정된 우리 문화새에 높은 관심을 보인다. 왜 그것이 세계적으로 인정받는 문화유산이 되었는지 문화재의 역사적 의미에 대해 설명해 줄 수 있도록 하자. 창덕궁과 종묘 외에 불국사, 석굴암, 팔만대장경, 수원 화성, 경주 역사유적지구, 고인돌 유적 등도 세계문화유산으로 지정된 것들이다. 이들에 대해서도 간단히 소개할 수 있도록 준비하자.

🌀 Dialogue

We will visit Changdeokgung.
창덕궁을 방문할 거예요.

Steve　Where are we going to visit this morning?

Mihyeon　We will visit Changdeokgung.

There's a guided tour in English at eleven thirty.

Steve　That's wonderful.

Mihyeon　You know, the palace was designated as a
World Heritage site by UNESCO.

Steve　Really? What is the reason for the designation?

Mihyeon　Well, it is an outstanding example of Far Eastern
palace architecture and garden design.

Steve　I'm sure I'll enjoy this visit.

Mihyeon　Maybe we can visit another interesting place after lunch.
The royal shrine of the Joseon dynasty is within walking
distance. It's also a World Heritage site.

스티브	오늘 아침엔 어디를 방문할 거예요?
미현	창덕궁을 방문할 거예요.
	11시 30분에 영어로 하는 안내투어가 있어요.
스티브	그거 좋네요.
미현	그런데요, 그 궁은 유네스코에 의해 세계문화유산으로 지정되었어요.
스티브	정말이에요? 지정된 이유가 뭐죠?
미현	그 궁은 극동 지역의 궁전 건축양식과 정원설계의 뛰어난 예이거든요.
스티브	이번 방문은 아주 재미있을 것 같네요.
미현	아마 점심식사 후에 흥미로운 곳을 또 하나 방문할 수 있을 거예요. 조선시대의 왕실 사원이 걸어갈 수 있는 거리에 있거든요. 그것도 세계문화유산이에요.

guided 안내를 받는
designate 지정하다
heritage 유산
site 유적, 장소
reason 이유
designation 지정, 지명
outstanding 뛰어난
example 예
Far Eastern 극동의
architecture 건축
design 설계
royal 왕(실)의
shrine 사당
distance 거리

🌸 외국인이 꼭 물어보는 질문 Best 5

---

1 What is the most well known palace in Seoul?
서울에서 가장 잘 알려진 궁은 무엇이죠?

외국인이 가장 많이 방문하는 궁은 경복궁이에요.
The most visited palace by foreigners is Gyeongbokgung.

창덕궁은 유네스코의 세계문화유산으로 지정되었기 때문에 세계적인 명성을 갖고 있어요.
Changdeokgung has a world-wide reputation because UNESCO designated it as World Heritage.

2 How did Changdeokgung get a world-class reputation? 어떻게 창덕궁은 세계적 수준의 명성을 갖게 되었죠?

건물과 후원(後苑)이 자연과 잘 조화되어 있어요.
The buildings and the rear garden are well harmonized with nature.

특히 후원은 자생의 수목과 함께 자연적인 풍경을 그대로 지니고 있어요.
Particularly the rear garden has a natural landscape with indigenous tree cover.

전통적인 한국식 정원의 전형적인 예입니다.
It is a typical example of a traditional Korean garden.

3 When was this palace built? 이 궁은 언제 지어졌죠?

창덕궁은 15세기 초에 지어졌어요.
Changdeokgung was built in the beginning of the 15th century.

임진왜란 후 17세기에 다시 지어졌어요.
It was rebuilt in the 17th century after the Japanese Hideyoshi invasion.

궁의 정문은 서울에서 가장 오래된 목조 대문입니다.
The main gate of the palace is the oldest wooden gate in Seoul.

4 Who was the first king to live in the palace?
그 궁에서 산 첫 임금은 누구였어요?

1405년에 지어진 후로 많은 왕들이 그 궁을 별궁으로 사용했어요.	Many kings used it as a secondary palace after it was built in 1405.
광해군이 그 궁을 정궁으로 쓴 최초의 임금이었어요.	King Gwanghae was the first king who used it as the main palace.
그 궁은 250년 이상 동안 조선 왕들의 정궁으로 사용되었어요.	It was used as the main palace by the Joseon kings for over 250 years.

5 What took place at the Royal Ancestral Shrine?
종묘는 뭐 하는 곳이었죠?

조선왕조의 왕과 왕비를 위한 제사를 지낸 곳입니다.	Ritual ceremonies were held for the kings and queens of the Joseon dynasty.
유네스코는 그 의식에서 연주됐던 음악을 인류의 무형유산으로 지정했어요.	UNESCO designated the music performed at the ceremony as an intangible heritage of humanity.

🐷 손쉽게 꺼내 쓰는 활용 만점 패턴

1 It was designated as a National Treasure.
국보로 지정되었어요.

문화재의 가치를 설명할 때 국보/보물/세계유산 등으로 지정되었다고 말할 수 있다.

It was designated as a National Park by the Korean government.
그곳은 한국 정부에 의해 국립공원으로 지정되었어요.

Pansori **was designated as a Masterpiece of the Oral and Intangible Heritage of Humanity.** 판소리는 인류 구전 및 무형유산 걸작으로 지정되었어요.

2 It is an outstanding example of a traditional Korean garden. 한국 전통 정원의 뛰어난 예입니다.

우리 문화를 소개하면서 '~의 전형적인/좋은/훌륭한 예'라고 설명할 때 사용할 수 있는 표현들이다.

It is a typical example of the stone pagodas from the unified Silla period.
그것은 통일신라시대 석탑의 전형적인 예입니다.

Acupuncture is a good example of the application of the yin and yang principle. 침술은 음양의 원리를 적용한 좋은 예입니다.

3 Changdeokgung means "a palace of prospering virtue."
창덕궁은 '번창하는 덕의 궁전'이라는 의미예요.

고궁 및 전각 이름의 의미를 말해 주고자 할 때는 It means... 구문을 사용해 보자.

Biweon means "the secret garden." 비원은 '비밀스러운 정원'이라는 뜻이에요.
Gyeongbokgung means "the palace of shining happiness."
경복궁은 '빛나는 행복의 궁전'이라는 뜻이에요.
Gyeonghoeru means "the pavilion of happy meetings."
경회루는 '기쁜 만남의 누각'이라는 뜻이에요.

4 It's within walking distance. 걸어서 갈 수 있는 거리에 있어요.

방문하는 곳이 얼마만큼 떨어진 곳에 있는지 설명할 때 사용하는 표현이다.

It's not far from here. 여기서 멀지 않아요.
It's very close-by. 아주 가까워요.
It's a long walk from here. 걸어서 가면 먼 거리예요.

나도 우리나라 홍보대사

비원

비원은 궁전 후원의 전형적인 예입니다. 비원은 한국인들이 정원을 설계할 때 어떻게 자연과의 조화를 강조하였는가를 보여줘요. 1997년에 비원은 세계문화유산에 등재되었지요.

비원이라는 이름은 '비밀스러운 정원'이라는 뜻을 갖고 있어요. 이곳은 왕과 왕의 가족들이 산책을 하거나 휴식을 취하던 장소로 이용되었지요. 그들은 가끔 누각에서 파티를 열며 즐기기도 했어요.

Biwon

Biwon is typical of palace backyards. It shows how Koreans emphasized harmony with nature when laying out a garden. In 1997, it was registered on the World Heritage List.

The name, Biwon, has the meaning of "secret garden." It was used as the place where kings and royal family members would go for a walk and relax. They sometimes entertain themselves with small parties on the pavilions.

종묘

종묘는 조선시대 왕과 왕비의 위패를 모셔놓은 장소예요.

세계문화유산위원회는 종묘가 가장 오래되고 원형을 가장 잘 보존한 왕실의 유교 사당이라고 인정했어요.

이곳에서는 왕조의 시작과 함께 14세기 말부터 제사가 거행되었어요. 이 제사는 원래의 형식 그대로 보존되었으며 아직도 1년에 다섯 차례 열리고 있지요.

제사의식은 한국 정부에 의해 무형문화재 1호로 지정된 전통음악 및 춤과 함께 행해져요.

Jongmyo

Jongmyo is the place where the ancestral tablets for the kings and queens of the Joseon dynasty are enshrined.

The World Heritage Committee recognized that it is the oldest and most authentic of the Confucian royal shrines.

Ritual ceremonies were held here with the start of the dynasty in the late 14th century. They were preserved in its original form and are still practiced here five times a year.

The rituals are accompanied by traditional music and dance that is designated as the Intangible Cultural Property No. 1 by the Korean government.

3. I'd like to recommend Bulguksa in Gyeongju.

경주 불국사를 추천하고 싶어요.

고궁은 서울에 집중되어 있지만, 사찰은 전국에 분포되어 있어 서울이 아닌 다른 지역을 방문한 외국인들에게 전통 건축물의 아름다움을 보여줄 수 있는 좋은 장소이다(It is a good place to show the beauty of our traditional architecture).

우리의 사찰은 외국인의 흥미를 끌 수 있는 몇 가지 요소를 갖고 있다. 건축물이 아름답고 고즈넉한 곳에 자리 잡고 있어 인상적이기도 하지만, 다른 나라에서 볼 수 없는 우리의 전통 건축양식을 보고 느낄 수 있기 때문이다. 우리의 사찰은 중국, 일본, 동남아시아 국가들의 사찰과는 사뭇 다르다. 지붕의 모양, 처마의 선, 단청 등은 외관상으로도 차이가 많다. 이런 관점에서 사찰은 종교적 차원을 넘어 우리 모두의 문화유산이라고 할 수 있을 것이다.

우리나라 사찰 중에서 가장 잘 알려진 곳은 불국사이다. 불국사는 외국인이라면 한 번쯤 방문하고 싶어하는 도시인 경주에 있기 때문에, 경주와 함께 불국사를 소개해 줄 수 있다. 불국사는 불교예술(Buddhist art)이 활짝 꽃피었던 통일신라시대의 사찰이며, 석가탑과 다보탑이 있다. 인근에는 동굴 안에 웅장한 부처상이 있는 석굴암이 있는데, 무척이나 아름다워서 그 불상 앞에 서면 발걸음을 떼기가 어려울 정도이다.

Dialogue

I'd like to recommend Bulguksa in Gyeongju.
경주 불국사를 추천하고 싶어요.

Steve I heard that there are many temples in Korea.
Which ones are worth visiting?

Mihyeon I'd like to recommend Bulguksa in Gyeongju.

Steve Is it a famous temple?

Mihyeon Yes, it is. It's regarded as a masterpiece of Buddhist art.
It was built in the 8th century during the Silla kingdom
period.

Steve What can I see in the temple?

Mihyeon You can see many traditional buildings.
In front of the main prayer hall, there stand two famous
stone pagodas. They're National Treasures.

Steve I want to visit the temple sometime.

Mihyeon There's also a magnificent Buddha statue in a cave
near the temple. It's a World Heritage item.

스티브	한국에는 절이 많이 있다고 들었어요.
	어느 절이 방문할 만하죠?
미현	경주에 있는 불국사를 추천하고 싶어요.
스티브	유명한 절인가요?
미현	네. 그 절은 불교예술의 걸작품으로 여겨지고 있어요.
	신라시대인 8세기에 지어졌어요.
스티브	절 안에서는 무엇을 볼 수 있나요?
미현	전통적인 건물을 많이 볼 수 있어요.
	대웅전 앞마당에는 두 개의 유명한 석탑이 서 있어요.
	그 석탑들은 국보예요.
스티브	언제 한번 그 절을 방문하고 싶어요.
미현	그리고 절 근처에 있는 동굴 안에 웅장한 부처상이 있어요.
	그것은 세계문화유산이에요.

temple 절, 사찰
worth 가치 있는
regard 간주하다
masterpiece 걸작품
Buddhist 불교의
kingdom 왕국
period 시대
prayer 기도
pagoda 탑
treasure 보물
magnificent 웅장한
Buddha 부처
statue 조상(彫像)
cave 동굴

🏯 외국인이 꼭 물어보는 질문 Best 5

1 Why is Bulguksa so famous? 불국사는 왜 그렇게 유명하죠?

불교건축의 걸출한 예로 평가되고 있어요.
It is regarded as an outstanding example of Buddhist architecture.

근처에 있는 석굴사원과 함께 유네스코가 세계문화유산으로 지정했어요.
Unesco designated it along with a cave temple nearby, as a World Heritage item.

천 년의 고도인 경주에 있는 주 사찰이에요.
It is the main temple in Gyeongju, the thousand year old city.

2 When was the temple built? 그 절은 언제 지어졌죠?

원래 6세기 초에 창건되었어요.
It was originally built in the early 6th century.

통일신라시대 중 8세기에 현재의 모습으로 확장되었어요.
It was extended to its present state in the 8th century during the unified Silla period.

3 What is Seokguram grotto? 석굴암이 무엇이죠?

인공적으로 만든 동굴사원이에요.
It is an artificial cave temple.

그곳엔 바다 쪽을 바라보고 있는 웅장한 부처상이 있어요.
It contains a magnificent statue of Buddha looking out at the sea.

주위 벽면에는 불상들이 사실적으로 정교하게 조각되어 있어요.
The surrounding wall is delicately sculpted with realistic Buddhist images.

4 Could you tell me about Gyeongju?

경주에 대해 얘기 좀 해주시겠어요?

경주는 거의 천 년 간 지속된 신라왕국의 수도였어요.	Gyeongju was the capital city of the Silla kingdom that lasted for almost one thousand years.
도시 곳곳에 신라의 많은 유적들이 산재해 있어요.	Many remains of Silla are scattered around the city.
외국 관광객들을 위한 대규모 휴양단지가 있어요.	There's a large resort complex for foreign tourists.

5 Is there a museum in Gyeongju? 경주에 박물관이 있어요?

경주에는 국립박물관이 있어요.	There's a National Museum in Gyeongju.
그 박물관은 신라시대의 유물들을 전시하고 있어요.	The museum displays the remains of Silla period.

🌀 손쉽게 꺼내 쓰는 활용 만점 패턴

1 It's worth visiting. 방문해 볼 만해요.

뭔가를 권할 때 '~할 만한 가치가 있어요'라는 표현을 자주 쓴다. worth 다음에 동명사가 온다.

This guidebook is worth reading. 이 안내서는 읽어볼 만한 가치가 있어요.
It's worth taking a night tour of the city. 심야 도시 관광을 해볼 만해요.

2 It's regarded as a masterpiece of Buddhist art.
불교예술의 걸작품으로 여겨져요.

잘 알려진 우리의 문화재를 소개할 때 객관적으로 어떤 평가를 받고 있는지도 함께 말해 주자.

It's considered to be artistically perfect. 예술적으로 완벽하다고 평가받고 있어요.
It's acclaimed as the finest type of pottery. 가장 훌륭한 도자기로 인정받고 있어요.
It's admired for its simple and dignified design.
단순하고 위엄 있는 디자인으로 높은 평가를 받고 있어요.

3 Dabotap is decorative when compared to Seokgatap.
다보탑은 석가탑에 비해 장식적이에요.

두 가지를 비교하여 설명해야 하는 경우가 많다. compare(비교하다)라는 단어를 활용해 보자.

In comparison to Dabotap, this pagoda has a simple design.
다보탑에 비해 이 탑은 단순한 디자인을 갖고 있어요.
Chinese food is oily compared with Korean food.
중국 음식은 한국 음식에 비해 기름기가 많아요.

4 According to legend, it didn't cast a shadow.
전설에 의하면 그것은 그림자가 없었대요.

'전설이나 신화 등에 의하면'에 해당하는 표현이다.

Legend has it that a baby was sacrificed when the bell was cast.
전설에 의하면 그 종이 만들어질 때 아기가 제물로 바쳐졌대요.
The myth says that he was the son of the Heavenly King.
신화에 의하면 그는 천제(天帝)의 아들이었다고 해요.

나도 우리나라 홍보대사

다보탑

다보탑은 많은 보물의 탑이라는 뜻이에요.

이 탑은 대웅전을 바라보며 안뜰의 오른 쪽에 서서 신라 문화의 예술적 아름다움 을 보여주고 있어요.

단순한 디자인의 석가탑과 비교하여 다보 탑은 매우 장식적입니다. 이 탑은 너무 정 교하게 조각되어서 우리는 '신라 석공들 이 돌을 진흙처럼 다루었다'고 말합니다.

이 탑은 한국의 10원짜리 동전의 한 면에 나와요.

석가탑

석가탑은 부처님의 탑이라는 뜻이에요. 이 탑은 대웅전을 바라보며 안뜰의 왼쪽 에 서 있어요.

이 삼층탑은 단순하고 위엄 있는 디자인 으로 높은 평가를 받고 있어요. 이 탑은 한국의 가장 전형적인 석탑으로 간주되고 있어요.

Dabotap

Dabotap means the pagoda of many treasures.

Standing on the right side of the courtyard facing the main hall, it shows the artistic beauty of Silla culture.

In comparison to the simple Seokgatap, it is highly decorative. It was so delicately carved that we say 'Silla masons managed stones like clay.'

The pagoda appears on one side of the Korean ten won coin.

Seokgatap

Seokgatap means the pagoda of Buddha. It stands on the left side of the courtyard facing the main hall.

This three-story pagoda is admired for its simple and dignified design. It is considered Korea's most typical stone pagoda.

4. Have you been to Jeju Island?
제주도에 가본 적 있어요?

제주도는 아름다운 해안을 끼고 대규모 리조트단지가 형성되어 있는 국내 최대의 휴양지이다. 한국인에게 제주도는 이국적인 풍취를 느낄 수 있는 관광지여서 오랫동안 신혼여행지(a honeymoon destination)로 명성을 얻어왔다. 최근에는 국제적인 관광지로 발돋움하며 리조트 건설이 이어지고, 월드컵 및 각종 국제행사의 유치, 정상회담 개최 등으로 그 위상이 높아지고 있다. 따라서 일본과 중국에서 많은 관광객들이 찾고 있으며, 유럽과 미국 등지의 관광객도 꾸준히 늘어나고 있는 추세이다.

외국인에게 관광지를 권할 때는 몇 가지 기본적으로 알려줄 것이 있다. 어디에 묵으며(Where to stay), 무엇을 관광히고(What to see), 휴양지의 경우는 어떤 활동을 할 수 있는지(What to do) 등이 그것이다. 특히 제주도에는 골프코스가 많이 있으며 다양한 해양스포츠를 즐길 수 있다고(A variety of marine sports are available.) 말해 줄 수 있을 것이다. 또한 외국인은 어디에 가든지 한국적인 것을 보고 싶어하므로 성읍민속마을 등 전통문화를 보고 느낄 수 있는 곳을 안내해 줄 수 있어야겠다.

🔊 Dialogue

Have you been to Jeju Island?
제주도에 가본 적 있어요?

Steve What's the most famous tourist destination for Koreans?

Mihyeon I'd say Jeju Island.

Have you been there?

Steve No. But I heard it's a beautiful island.

Mihyeon That's right.

We often say it's the Hawaii of Korea.

Steve Do many foreign tourists go to the island?

Mihyeon Yes. It's a popular place for foreign tourists.

They don't need visas to visit the island.

Steve What are the favorite tourist attractions?

Mihyeon There are many. To name a few, there are waterfalls,
caves and traditional folk villages.

Steve Any activities other than sightseeing?

Mihyeon A variety of marine sports are available.

There are also many golf courses.

스티브	한국인들에게 가장 유명한 관광지는 어디죠?
미현	제주도인 것 같아요.
	그곳에 가본 적 있어요?
스티브	아뇨. 하지만 아름다운 섬이라고 들었어요.
미현	맞아요.
	우리는 제주도를 종종 한국의 하와이라고 불러요.
스티브	외국인 관광객도 그 섬에 많이 가나요?
미현	네. 그 섬은 외국인 관광객들에게 인기 있는 장소예요.
	외국인들은 그 섬을 방문하기 위해서는 비자를 받을 필요가 없어요.
스티브	사람들이 좋아하는 관광명소가 뭐죠?
미현	많이 있어요. 몇 가지만 예를 들면, 폭포, 동굴, 전통 민속촌 등이 있어요.
스티브	관광 외에 할 것이 뭐가 있나요?
미현	다양한 해양 스포츠를 할 수 있어요.
	골프장도 많이 있고요.

tourist *a.* 관광을 위한 *n.* 관광객
destination 목적지, 장소
island 섬
visa 입국사증
favorite 아주 좋아하는
tourist attractions 관광명소
name 이름을 들다
waterfall 폭포
folk 민속의
activity 활동
sightseeing 관광
a variety of 다양한
marine 해양의
available 이용 가능한
golf course 골프장

🌸 외국인이 꼭 물어보는 질문 Best 5

1 Where is Jeju Island? 제주도는 어디에 있어요?

남해안에서 좀 떨어진 곳에 있어요.   It's just off the southern coast.

한반도 남서쪽 바다에 있어요.   It is located in the southwest sea off the Korean peninsula.

서울에서 비행기로 1시간 걸려요.   It takes an hour by air from Seoul.

2 What are the major tourist attractions on the island? 그 섬의 주요 관광명소로는 무엇이 있나요?

한라산과 중문 리조트가 외국인들에게 인기가 있어요.   Mt. Halla and Jungmun Tourist Resort are popular among foreigners.

해수욕장과 동굴이 많이 있어요.   There are many beaches and caves.

세계에서 가장 긴 용암동굴이 있어요.   The island is home to the longest lava cave in the world.

섬사람들의 생활 모습을 볼 수 있는 민속촌들이 있어요.   There are folk villages where you can see the lifestyles of the islanders.

3 What kinds of activities can tourists enjoy? 관광객들은 어떤 종류의 활동을 즐길 수 있죠?

골프를 즐길 수 있어요.   They can enjoy playing golf.

등산을 즐길 수 있어요.   They can enjoy mountain climbing.

다양한 해양스포츠와 레저활동이 가능해요.   A variety of marine sports and leisure activities are available.

4 Which important world events were held there?

어떤 중요한 국제행사들이 그곳에서 열렸죠?

한국과 일본, 러시아, 미국의 정상회담이 열렸어요.	The summit talks between Korea and Japan, Russia, and the U.S. were held.
2002 월드컵 축구경기가 열렸어요.	2002 FIFA World Cup games were played there.

5 Should I rent a car while on the island?

그 섬에 있는 동안 차를 빌려야 하나요?

네, 그 섬을 방문하는 동안은 차를 렌트할 것을 권합니다.	Yes, I would recommend that you rent a car while visiting the island.
대중교통을 이용할 수 있지만, 렌트카를 타는 것이 여행하기 더 쉬운 방법이에요.	Public transportation is available, but having a rental car is an easier way to travel.

🌸 손쉽게 꺼내 쓰는 활용 만점 패턴

1 Have you been to Jeju Island? 제주도에 가보았어요?

외국인과 관광지에 대해 얘기하다 보면 '~에 가본 적 있어요?'라고 묻게 된다. 경험을 물을 때는 현재완료형인 'have + 과거분사' 구문을 사용한다.

Have you visited Gyeongju before? 이전에 경주를 방문한 적 있어요?
Have you been to any other Asian countries? 다른 아시아 국가에 가본 적 있어요?

2 A variety of marine sports are available.
다양한 해양스포츠를 즐길 수 있어요.

Ginseng is available in the form of liquid extracts.
인삼은 농축액으로도 구입할 수 있어요.
Interpretation services are available here. 여기서는 통역 서비스를 받을 수 있어요.

3 Many important international events were held here.
많은 중요한 국제행사가 여기서 열렸어요.

각종 문화행사, 박람회, 국제행사를 소개하다 보면, 개최되었다든가 개최될 예정이라는 말을 자주 하게 된다. 수동태인 'be + held' 구문을 활용해서 말해 보자.

The festival is usually held in May. 그 축제는 보통 5월에 열려요.
The meeting will be held in the convention center next week.
회의는 다음주에 컨벤션 센터에서 열릴 예정이에요.

4 To name a few, there are waterfalls, caves and resorts.
몇 가지만 예를 들자면, 폭포, 동굴, 리조트 등이 있어요.

많다는 것을 강조할 때 '그 중 몇 개만을 예로 들면'이라는 표현으로 다음과 같이 말할 수 있다.

To name but a few, Italy, Japan and Canada participated in the fair.
몇 나라만 열거하자면, 이탈리아, 일본, 캐나다 등의 국가가 그 박람회에 참여했어요.
Windsurfing, jet-skiing and scuba diving, you name it.
윈드서핑, 제트스키, 스쿠버다이빙, 아무거나 말만 하세요.

146

나도 우리나라 홍보대사 ～

한라산

한라산은 해발 1,950미터로 남한에서 가장 높은 산이에요.

이 산은 1970년에 한국 정부에 의해 국립공원으로 지정되었어요.

이곳에는 아열대성 지역의 독특한 식물군과 동물군이 많이 있어요. 이 산은 봄에 진달래가 만개했을 때 특히 아름다워요.

중문관광단지

이 리조트 단지는 섬의 남부에 위치하고 있어요. 경치가 아름다운 해안지역에 세계적 수준의 관광호텔과 컨벤션센터가 많이 있어요.

이곳에는 또한 아름다운 폭포와 모래해변, 식물원, 골프장, 다양한 레크리에이션 시설 등이 있어요.

중문관광단지는 세계적으로 유명한 관광지가 되기 위해 시설확장 계획을 세우고 있어요.

Mt. Halla

Mt. Halla is the highest mountain in South Korea, 1,950m above sea level.

It was designated as a National Park by the Korean government in 1970.

There are many distinctive flora and fauna of subtropical regions. The mountain is particularly beautiful when the azaleas are in full blossom in the spring.

Jungmun Tourist Resort Complex

This resort complex is located in the southern part of the island. There are many world class tourist hotels and convention centers on the scenic coastal area.

There are also beautiful waterfalls, sandy beaches, a botanical garden, a golf course, and a variety of recreational facilities.

It plans to expand its facilities to become a world famous tourist destination.

5. Mt. Seorak is famous for its unusual rock formations.
설악산은 기암괴석으로 유명해요.

외국인과 여행을 하다 보면 우리나라가 금수강산이라는 것을 새삼 느끼게 된다. 중동지역에서 온 사람들은 우리의 산하를 보며 감탄을 한다. 북미권의 사람들도 우리나라 산의 경관이 뛰어나며 친근하게 느껴진다고 한다. 우리의 산은 자연에 대한 외경심을 자아낸다기보다, 자연을 가까이 느끼게 하는 매력이 있는 것 같다. 계곡 사이로 맑은 물이 흐르고, 사시사철 다른 모습을 보이며, 기암괴석이 많아 깊은 멋을 느끼게 한다. 나아가 우리 산에는 명 사찰이 많아 우리의 전통문화를 접할 수 있기도 하다. 이런 이유로 외국인들은 우리나라 산에 또 다른 매력을 느끼는 것 같다.

우리나라는 대부분의 국립공원(National Parks)이 산악지역에 있다. 현재 20개의 국립공원 중 16개가 산을 중심으로 지정되어 있다. 이 중 설악산국립공원은 휴전선 이남의 산 중에서는 가장 아름다운 산으로 여겨지고 있으며(It is considered the most beautiful mountain in South Korea.), 1982년, 유네스코에 의해 생태보존지구(Biosphere Reserve)로 지정될 만큼 훌륭한 생태계를 보존하고 있다. 외국인에게 등산을 좋아하냐고 물어보자. 그리고 가장 가까운 국립공원에 같이 가자고 권해보자.

🎙 Dialogue

Mt. Seorak is famous for its unusual rock formations.
설악산은 기암괴석으로 유명해요.

Steve   I went mountain climbing last weekend.

Mihyeon   Where did you go?

Steve   Bukhansan National Park.
The mountain was really beautiful.

Mihyeon   It is. Have you been to Seoraksan National Park?

Steve   No, I haven't.

Mihyeon   I could say it's another Bukhansan, only much bigger.

Steve   Where is it?

Mihyeon   It's in the northeastern part of Korea.
It's famous for its unusual rock formations, and considered the most beautiful mountain in South Korea.

Steve   I hope to visit there sometime.

Mihyeon   I'm sure you'll enjoy it.
There are some interesting ancient Buddhist temples there.

스티브	지난 주말에 등산을 갔어요.
미현	어디에 갔는데요?
스티브	북한산국립공원예요. 산이 정말 아름다웠어요.
미현	그래요. 설악산국립공원에는 가보셨나요?
스티브	아뇨.
미현	그 산은 또 하나의 북한산이라고 말할 수 있어요. 단지 규모가 훨씬 크지요.
스티브	어디에 있어요?
미현	한국의 북동쪽에 있어요. 기암괴석으로 유명하고, 남한에서 가장 아름다운 산으로 여겨지고 있어요.
스티브	언제 한번 가보고 싶네요.
미현	분명히 마음에 드실 거예요. 그곳에는 흥미로운 고대 사찰이 몇 개 있어요.

unusual 기이한
rock 바위
formation 구조
climbing 등반
weekend 주말
national 국립의, 국가의
northeastern 북동의
consider 생각하다, ~라고 여기다
sure 확실한, 확신하는
ancient 고대의

🌸 외국인이 꼭 물어보는 질문 Best 5

1 Why is Mt. Seorak popular among Koreans?
설악산은 왜 한국인들에게 인기가 있죠?

설악산은 사시사철 아름다워요.	It is beautiful all year round.
특히 가을에 나뭇잎이 붉게 물들 때의 아름다움으로 유명해요.	It's famous particularly for its beauty when the leaves turn red in fall.
경치가 좋은 봉우리와 폭포, 깊은 계곡, 울창한 숲이 있어요.	There are many scenic peaks, waterfalls, deep valleys and dense forests.

2 How can I get there from Seoul? 서울에서 어떻게 가죠?

차로 4시간이 안 걸려요.	It takes less than four hours by car.
버스를 타면 4시간 정도 걸려요.	It takes about 4 hours by bus.
멀지 않은 곳에 국제공항이 있어요.	There's an international airport not far from it.

3 Where can I stay while visiting the park?
그 공원을 방문하는 동안 어디서 머물죠?

많은 형태의 숙박시설이 있어요.	There are many types of accommodation.
호텔, 콘도, 야영장, 민간 숙박시설인 민박 등이 있어요.	There are hotels, condos, camping grounds and private lodgings called *minbaks*.

4 Are there any interesting places near the park? 공원 근처에 흥미로운 곳이 있나요?

근처에 스키리조트가 여럿 있어요. 설악산은 '눈으로 덮인 바위산'이라는 뜻이에요.

There are several ski resorts nearby. Seoraksan means "the rocky mountain covered with snow."

동해안을 따라 밑으로 내려가면 인근에 유명한 해수욕장과 고대 사찰이 있어요.

There's a famous beach and an old temple near the park down the east coast.

5 Are there many National Parks in Korea? 한국에는 국립공원이 많나요?

20개의 국립공원이 있어요.

There are 20 National Parks in Korea.

16개가 산을 중심으로 있어요.

Sixteen are in the mountains.

나머지 4개는 바다에 있거나 해안을 끼고 있어요.

The other four are on the sea and along the coast.

🎙 손쉽게 꺼내 쓰는 활용 만점 패턴

1 It's often considered the most beautiful mountain.
그 산은 종종 가장 아름다운 산으로 여겨집니다.

관광지를 설명할 때 사람들에게 어떻게 여겨지는 곳인지도 함께 말해 주자.

Seokgatap is considered Korea's most typical stone pagoda.
석가탑은 한국의 가장 전형적인 석탑으로 여겨져요.
It's regarded as a masterpiece of Buddhist art. 불교 예술의 걸작품으로 여겨져요.

2 It's a popular destination for mountaineers.
등산가들에게 인기 있는 여행지입니다.

관광지를 설명할 때 특히 어떤 사람들이 많이 찾고, 어떤 사람들에게 인기가 있다는 말을 할 수 있다.

It's a well-known destination for honeymooners. 신혼부부들에게 잘 알려진 관광지예요.
It's a famous destination among foreigners. 외국인들 사이에서 유명한 관광지예요.

3 You can see various cultural assets. 다양한 문화재를 볼 수 있어요.

관광지에서 무엇을 할 수 있는지 설명할 때 you can ... 구문을 쓸 수 있다.

You can find a three-story stone pagoda in the yard.
경내에서 삼층석탑을 발견할 수 있어요.
You can enjoy a scenic panoramic view of Outer Seorak.
외설악의 아름다운 전경을 즐길 수 있어요.

4 Seorak Mountain is particularly beautiful when the leaves turn red. 설악산은 단풍이 들 때 특히 아름다워요.

언제 찾아가면 특히 좋다는 설명을 할 때는 when절과 함께 부사 really, particulary를 사용하여 말할 수 있다.

The mountain is particularly beautiful when the azaleas bloom.
그 산은 진달래가 필 때 특히 아름다워요.
The *hanbok* is really beautiful when traditional dancers perform a fan dance. 한복은 전통 무용수들이 부채춤을 출 때 정말 아름다워요.

설악동

이 리조트 지역은 설악산국립공원을 방문하는 관광객을 위해 개발되었어요.

이곳은 설악산 밑자락에 위치하고 있으며 외설악(설악산 동쪽 부분의 이름)으로 들어가는 입구에요.

이 리조트 마을은 관광객 등산로의 시발점이죠. 많은 호텔, 콘도, 상점, 캠프장 등이 있어요.

케이블카를 타고 올라갈 수 있는 인근의 산봉우리에서 외설악의 아름다운 전경을 즐길 수 있어요.

리조트 근처의 바닷가 음식점에서는 해산물 요리를 즐길 수도 있지요.

용평리조트

이 지역은 원래 스키장으로 개발되었어요. 시설을 확장하여 현재는 18홀 골프장과 실내수영장, 테니스장 등을 갖추고 있어요.

단지 내에는 호텔 한 곳과 많은 콘도들이 있어요. 이곳은 설악산국립공원에 갈 때 이용하는 영동고속도로의 거의 끝에 위치하고 있어요.

외국인들은 이 지역을 드래곤밸리 리조트라고 불러요.

Seorak-Dong

This resort area was developed for tourists who visit Seoraksan National Park.

It is located at the base of Mt. Seorak and is the entrance to Outer Seorak(the name for eastern part of Mt. Seorak).

The resort village is the starting point for tourist climbing trails. There are many hotels, condos, shops and camping sites.

You can enjoy the scenic panorama of Outer Seorak from a nearby peak which can be reached by a cable car.

You can also enjoy seafood at the seaside restaurants near the resort.

Yongpyeong Resort

This resort was originally developed as a ski area. It has expanded its facilities and now includes an 18 hole golf course, an indoor swimming pool and tennis courts.

There is a hotel and many condos within the complex. It is located near the end of the Yeong-dong Expressway which one uses to get to Seoraksan National Park.

Foreigners call this area Dragon Valley Resort.

6. I hope you enjoy your visit.
즐거운 방문이 되길 바랍니다.(지방 관광)

이제는 대도시가 아닌 곳에서도 외국인을 볼 수 있다. 개별 여행이 점차 늘어나면서 잘 알려지지 않은 곳에도 외국인의 발길이 닿기 때문이다. 혹 자신의 고장을 찾아온 외국인들이 있다면 어떻게 자신의 고장을 소개할 것인가 나름대로 준비를 해보자.

외국인에게 자기 고장을 설명하는 데는 몇 가지 기본적인 단계가 있다. 우선 환영의 인사를 하고(Welcome to our area!) 처음 방문인지 물어본다(Is this your first visit here?). 그리고 나서, 얼마만큼 체류할 계획인지(How long will you be staying here?), 그동안 무엇을 하고 싶은지(What would you like to do during your stay?) 묻고 그에 따라 적절히 안내를 한다.

안내를 할 때 중요한 것은 자기 고장에 대한 깊은 애정이다. 외국인의 관광 취향에 따라 무엇을 소개해 주고 자랑할 수 있을지, 그것을 어떻게 설명하면 좋을지, 몇 가지 주제를 갖고 있는 것이 좋다. 또한 적절히 자기 고장의 역사를 설명할 수도 있어야 한다.

외국인은 우리에 대해 알고 싶어하면서도 무엇을 물어봐야 할지 잘 모르는 경우가 많다. 따라서 우리가 먼저 우리의 문화나 역사에 대해 얘기를 꺼내고 대화를 이끌어가도록 하자. 그러면 외국인이 이것저것 묻기 시작하며 관심을 보일 것이다.

🍎 Dialogue

I hope you enjoy your visit.
즐거운 방문이 되길 바랍니다.

Mihyeon Welcome to Geojedo!

Is this your first visit to the Island?

Tourist Actually I was on Geojedo during the Korean War.

Mihyeon Really? I'm surprised!

Tourist Well, I was in the POW camp in 1952.

Mihyeon You must be very excited about seeing the island.

How long will you be staying here?

Tourist A couple of days.

I'd like to visit the camp first. Is it still here?

Mihyeon As a matter of fact, a memorial hall was built on the site.

Tourist That's great.

Mihyeon You can find some interesting spots on the tourist map.

You can also enjoy a boating tour around the island.

Tourist Thanks for the information.

Mihyeon I hope you enjoy your visit.

미현	거제도에 오신 것을 환영합니다. 이번이 첫 방문이세요?
관광객	사실, 한국전쟁 중에 거제도에 있었어요.
미현	정말이에요? 놀랍네요!
관광객	1952년도에 포로수용소에 있었어요.
미현	섬을 둘러보려니 정말 마음이 설레시겠어요.
	얼마 동안이나 머무를 예정이세요?
관광객	이틀이요.
	먼저 수용소를 방문하고 싶어요. 아직 남아 있나요?
미현	사실, 수용소 자리에 기념관이 건립되었어요.
관광객	잘됐네요.
미현	관광지도에서 흥미로운 관광지를 찾을 수 있을 거예요.
	섬 주위를 도는 유람선 관광도 할 수 있고요.
관광객	정보 고마워요.
미현	즐거운 방문이 되길 바랍니다.

welcome 환영하다
actually 사실
surprised 놀란
POW 전쟁포로(prisoner of war)
camp 수용소
excited 흥분한
a couple of 둘의
still 아직도
as a matter of fact 사실
memorial 기념의
map 지도
site 부지, 유적, (사건) 현장
spot 장소, 관광지
information 정보

🗣 외국인이 꼭 물어보는 질문 Best 5

1 Is there a tour bus stopping by major tourist attractions? 주요 관광지에 정차하는 관광버스가 있나요?

네, 섬 전역을 유람하는 관광버스가 있어요.	Yes, there's a sightseeing bus which tours around the island.
아뇨, 없는 것 같아요.	No, I don't think so.
여기는 대중교통이 꽤 잘 발달되어 있어서 원하는 장소는 어디든 갈 수 있어요.	The public transportation is pretty well developed here, so you can get anywhere you want.

2 Where do you recommend to visit?
어디를 방문하라고 추천하시겠어요?

해금강을 추천하겠어요.	I'd recommend Haegeumgang.
해수욕장들이 많이 있어요. 학동 해수욕장이 가장 인기 있어요.	There are many beaches. Hakdong Beach is the most popular.
조그만 섬인 외도가 관광객들 사이에서 유명해요.	The small island of Oedo is famous among tourists.

3 Can you tell me the brief history of the place?
이곳의 간략한 역사에 대해 말해 줄 수 있어요?

이순신 장군이 여기서 일본 해군과 싸워 큰 승리를 거뒀어요.	Admiral Lee Sun-sin won a major victory here against the Japanese navy.

그는 16세기 말 일본의 침략으로부터 우리나라를 구했어요.

He saved our country from the Japanese invasion in the late 16th century.

그는 한국 역사에서 국가적 영웅이에요.

He's a national hero in Korean history.

4 Is there any historical place of particular interest for tourists? 관광객들의 흥미를 끄는 역사적 장소가 있어요?

네, 한 곳 있어요.

Yes, there is one.

한국전쟁 당시의 포로수용소가 있어요.

There's a prisoner-of-war camp from the Korean war.

그곳은 1951년부터 1953년까지 북한과 중국의 포로를 수용했어요.

It held prisoners from North Korea and China from 1951 to 1953.

5 Is there a western restaurant in this area? 이 지역에 양식당이 있나요?

네, 있어요.

Yes, there is.

이 지역에는 외국 음식을 파는 식당들이 많이 있어요.

There are many restaurants in the area which serve foreign food.

그리고 물론 호텔 식당에서도 서양 음식을 먹을 수 있어요.

And of course you can get western food at the hotel restaurants, too.

🌀 손쉽게 꺼내 쓰는 활용 만점 패턴

1 Really? I'm surprised. 정말이에요? 놀랍네요.

상대방의 말을 듣고 놀라움과 흥미를 나타낼 때 쓰는 표현을 익혀두자.

Is that true? What a surprise! 사실이에요? 놀랍군요!
Are you sure? I just don't believe it. 틀림없어요? 정말 믿지 못하겠어요.

2 Where would you like to visit? 어디를 방문하고 싶으세요?

어디를 언제 방문하고 싶은지, 무엇을 보고 싶은지 등을 물을 때는 Where/When/What would you like to...?라고 물으면 공손한 표현이 된다.

When would you like to visit? 언제 방문하고 싶으세요?
What would you like to see? 무엇을 보고 싶으세요?

3 First, visit the POW camp. 먼저, 포로수용소에 가보세요.

방문지를 여러 곳 추천해 줄 때는 순서대로 안내해 주는 것이 좋다.

Next, take a bus trip around the island. 그 다음에, 버스로 섬 일주관광을 하세요.
Then (After that), visit Gujora Beach. 그러고 나서, 구조라 해수욕장에 가세요.
Finally, visit the shipyards. 마지막으로, 조선소를 방문해 보세요.

4 Haegeumgang is a "must-see" attraction.
해금강은 꼭 봐야 할 관광명소예요.

어디를 꼭 들러보라고 권할 때에는 다음과 같은 표현을 쓴다.

It is a must to visit when you're in Seoul. 서울에 있다면 반드시 방문해 봐야 할 곳이에요.
You should visit the Fishing Village Folk Museum.
어촌민속전시관은 반드시 방문해 보세요.

보성의 녹차밭

보성지역은 한국 최대의 녹차 생산지로 잘 알려져 있어요. 남서해의 아름다운 경치뿐 아니라 대규모 차 경작지를 볼 수 있어요.

Green Tea Fields in Boseong

Boseong area is well known as the biggest producer of green tea in Korea. You can see a vast area of tea cultivation as well as the beautiful scenery of the southwestern sea.

부여의 낙화암

이곳은 강을 굽어보는 절벽 위에 있는 암석이에요. 이곳은 백제시대에 3,000명의 궁녀가 뛰어내렸다고 하는 역사적인 장소예요. 그들은 침략군의 포로가 되기보다 죽음을 택했어요.

부여는 백제왕국의 마지막 수도였으며, 이 도시에는 국립박물관이 있어요.

Nakhwa-am in Buyeo

It's a rock standing on the cliff overlooking the river. It's a historical place where 3,000 court maids were said to jump into the river during the Baekje kingdom period. They chose death rather than being taken prisoner by the invading force.

Buyeo was the last capital of the kingdom and there is a national museum in the city.

거제도의 포로수용소 유적관

이 유적관은 한국전쟁의 산 교육장이에요. 한국전쟁은 1950년에 일어났으며, 그로 인해 거제도에 대규모 포로수용소가 세워졌어요. 유적관은 옛 수용소의 유적 주변에 세워졌어요.

The Memorial Hall of the POW Camp on Geojedo

The Memorial Hall is the live educational site of the Korean War. The war broke out in 1950 and led to the establishment of a massive POW Camp on Geoje Island. A memorial hall has been constructed around the remains of the camp.

안동의 도산서원

도산서원은 조선시대의 위대한 유학자인 이황 선생의 서원이에요. 그의 얼굴은 한국 1,000원 권 지폐의 한 쪽 면에 실려 있어요.

안동은 유교문화의 본고장이에요. 한국인들의 전통적인 생활방식의 예를 볼 수 있는 하회마을을 방문할 수도 있어요.

Dosan Seowon in Andong

Dosan Seowon is an old academy of a great Confucian scholar, Yi Hwang, from the Joseon dynasty. His picture is displayed on one side of the Korean 1,000 won note.

Andong area is the home of Confucian culture. You can also visit Hahoe Village where you can see examples of traditional Korean lifestyle.

Chapter 5

우리나라
쇼핑거리
돌아다니기

1. What kind of gifts would you like to buy?
어떤 선물을 사고 싶으세요?(이태원)

한국을 방문한 외국인들은 어디에 가서 쇼핑을 하고 어떤 선물을 사면 좋을지 등을 자주 묻는다. 주로 기념이 될 만한 전통 상품을 찾는 경우가 많지만, 개인적인 물품을 구입하는 외국인도 많다. 이때 어떤 물건을 사고 싶은지를 먼저 묻고(What would you like to buy?), 그에 맞는 쇼핑장소를 추천해 주도록 하자.

그러기 위해서는 외국인이 주로 찾는 쇼핑장소와 특정상품을 전문으로 취급하는 장소가 어디인지 알아둘 필요가 있다. 이태원은 외국인 관광객에게 유명한 쇼핑가이며(It is a famous shopping area for foreign tourists.), 외국인들이 찾는 물건들을 대부분 갖추고 있다. 이 지역은 관광특구로 지정되어 있으며, 대부분의 간판이 영어로 표기되어 있고 영어 사용이 자유롭기 때문에 외국인 전용 쇼핑가라고 히기에 손색이 없다.

최근에는 일본인 및 중국인 관광객들도 이태원을 많이 찾고 있다. 외국인 관광객들이 주로 찾는 거리이기 때문에 그들의 취향에 맞는 음식점뿐 아니라 인도 음식점, 타이 음식점 등 민속 음식점들(ethnic restaurants)이 많이 있다. 특히 저녁에는 나이트클럽에서 한국 전통무용을 공연하는 등 밤거리가 화려하고 생동적인 것으로 유명하다.

🌸 Dialogue

What kind of gifts would you like to buy?
어떤 선물을 사고 싶으세요?

Steve   I'd like to buy some gifts.

Mihyeon   What kind of gifts would you like to buy?

Steve   Well, I don't know.

Maybe some souvenirs for my family.

Mihyeon   I'd like to recommend Itaewon.

Steve   What's that?

Mihyeon   It's a famous shopping area for foreign visitors.

It was designated as a special tourist district.

Steve   What do they sell?

Mihyeon   They have all kinds of fashion items.

Particularly leather goods are very popular.

Steve   Really? Can you tell me how to get there?

Mihyeon   Sure.

Take subway Line 6 and get off at Itaewon station.

스티브	선물을 좀 사고 싶어요.
미현	어떤 선물을 사고 싶은데요?
스티브	잘 모르겠어요. 가족들에게 줄 기념품이나 몇 가지 살까 해요.
미현	이태원을 추천해 드리고 싶어요.
스티브	어떤 곳인데요?
미현	외국인 방문객들에게 유명한 쇼핑지역이에요.
	관광특구로 지정된 곳이기도 하고요.
스티브	무엇을 팔지요?
미현	모든 종류의 패션상품을 팔아요.
	특히 가죽 제품이 아주 인기 있어요.
스티브	정말이에요? 그곳에 어떻게 가는지 알려주실 수 있나요?
미현	물론이죠.
	지하철 6호선을 타고 이태원역에서 내리세요.

gift 선물
souvenir 기념품
recommend 추천하다
visitor 방문객
designate 지정하다, 지명하다
district 구역
fashion 유행, 패션
item 품목, 상품
particularly 특히
leather 가죽
subway 지하철
get off (차에서) 내리다

🍙 외국인이 꼭 물어보는 질문 Best 5

1 Why is Itaewon so popular among foreign tourists? 왜 이태원이 외국인 관광객들 사이에서 그렇게 인기가 있죠?

독특한 상품을 좋은 가격에 살 수 있어요.	You can buy unique products with good prices.
대부분의 간판이 영어로 되어 있고, 많은 가게 주인들이 영어를 해요.	Most signboards are written in English and many shopkeepers speak English.
생동감 있는 밤의 유흥을 즐길 수 있어요.	You can enjoy an active night life.

2 What do they sell in Itaewon? 이태원에서는 무엇을 팔죠?

가죽 제품을 파는 가게가 많아요.	There are many stores that sell leather goods.
맞춤양복이 외국인들 사이에서 인기가 있어요.	Custom made suits are popular among foreigners.
액세서리 전문점들도 있어요.	Some stores specialize in accessories.

3 What food can I enjoy in Itaewon?
이태원에서는 어떤 음식을 먹을 수 있죠?

다양한 음식을 즐길 수 있어요.	You can enjoy a variety of food.
서구의 패스트푸드 음식점을 포함한 많은 종류의 음식점들이 있어요.	There are many types of restaurants, including Western fast food restaurants.
타이, 인도 음식점과 같은 민속 음식점들도 있어요.	There are also ethnic restaurants like Thai and Indian restaurants.

4　What is the night life like in Itaewon?

이태원의 밤생활은 어때요?

그 지역은 활기찬 밤생활로 유명해요.	The area is famous for its vibrant night life.
서구 스타일의 술집과 나이트클럽이 많아요.	There are many Western style pubs and nightclubs.

5　Is it possible to spend U.S. currency in Itaewon?

이태원에서는 미국 화폐를 쓸 수 있나요?

네, 많은 가게들이 미국 돈을 받을 거예요.	Yes, many shops will accept U.S. money.
그렇지만 돈을 먼저 바꾸는 것이 좋을 거예요.	But it's better to exchange your money first.
가게에서의 환율은 일반적으로 은행보다 낮아요.	The exchange rate at stores is generally lower than that of banks.

손쉽게 꺼내 쓰는 활용 만점 패턴

1 What would you like to buy? 무엇을 사고 싶으세요?

외국인 관광객은 기념품을 사고 싶어한다. 어떤 종류의 상품을 원하는지 구체적으로 물어보자.

What kind of **souvenirs** are you interested in? 어떤 종류의 기념품에 관심이 있어요?
What sort of **painting** are you looking for? 어떤 종류의 그림을 찾으세요?
What type of **bag** are you looking for? 어떤 유형의 가방을 찾으세요?

2 Itaewon is famous for **an active night life.**
이태원은 활기찬 밤의 유흥으로 유명해요.

어떤 곳을 소개할 때는 그 지역이 무엇으로 유명한지 함께 말해 주도록 하자.

Itaewon is famous for **leather goods.** 이태원은 가죽 제품으로 유명해요.
Myeongdong is famous for **its leading fashion.** 명동은 패션을 이끄는 것으로 유명해요.
This market is well known for **top-quality ginseng.**
이 시장은 최고 품질의 인삼으로 잘 알려져 있어요.

3 Custom made suits are popular among **foreign tourists.**
맞춤양복이 외국인들 사이에서 인기가 있어요.

누구에게 특히 인기가 있다는 것을 말할 때 쓰는 표현이다.

Bulgogi is a popular Korean dish among **foreigners.**
불고기는 외국인들 사이에서 인기 있는 한국 요리예요.
Nong-ak is a popular form of entertainment among **Koreans.**
농악은 한국인들 사이에서 인기 있는 유흥의 한 형태예요.

4 Itaewon developed as it was close **to a U.S. army base.**
이태원은 미군 기지와 가까워서 발전했어요.

어떤 것의 이유를 설명할 때는 because 구문 못지않게 as 구문도 많이 쓴다.

All shops are closed as **it's a holiday.** 휴일이어서 모든 가게가 문을 닫았어요.
As it's raining, we'd better go back to the hotel early.
비가 오니까 호텔에 일찍 돌아가는 게 좋겠어요.

명동

최근에 이 지역은 서울을 방문한 외국 관광객들에게 최고의 쇼핑지로 뽑혔어요.

이태원이 미군기지와 가까이 있어서 국제적인 명성을 얻고 있다면, 명동은 패션을 이끄는 것으로 유명해졌어요.

이곳은 서울에서 가장 붐비는 쇼핑과 위락지역이에요. 5월과 6월경에 축제가 열리고, 술집, 디스코테크, 전문음식점, 극장 식당, 음악카페들이 있어요.

인근에는 힐튼, 하얏트, 롯데 등과 같은 특급호텔들이 많이 있지요.

Myeongdong

The area has recently been voted as the number one shopping place for foreign tourists visiting Seoul.

While Itaewon gets its international reputation because it is close to a U.S. army base, Myeongdong has become famous for its leadership in fashion.

It is Seoul's most crowded shopping and entertainment area. A festival is held around May or June, and there are pubs, discotheques, specialty restaurants, theater restaurants, and music cafes.

Many five-star hotels, such as the Hilton, Hyatt, and Lotte, are nearby.

2. Namdaemun market is a large open air market.

남대문시장은 대규모 노천시장이에요.

한국을 방문한 외국인들이 시장에 가보고 싶어 하는 이유 중 하나는 한국 사람들이 사는 모습을 현장에서 직접 보기 위해서다. 어느 나라나 전통적인 시장(traditional markets)이 있으며, 이를 방문하는 것은 큰 즐거움이다. 사실 외국인과 쇼핑을 하다 보면 물건보다는 시장에서 만날 수 있는 우리 고유의 생활 모습에 더 관심을 보이는 경우가 많다. 한번은 시장에 진열된 돼지머리를 보고 신기해 하며 사진을 찍고 그것이 무엇이냐고 묻는 외국인이 있었다. 이렇게 시장은 외국인들이 평소 한국인의 삶을 볼 수 있는 좋은 장소이다(It is a good place to see the everyday life of Koreans).

서울에서 가장 먼저 생긴 대규모 노천시장인 남대문시장은 이런 이유로 외국인들이 선호하는 시장이다. 좁은 길을 따라 소규모 상점들이 빽빽이 들어서 있고, 노점상들(vendors)도 매우 활기를 띤다. 사람들로 항상 붐비고 생동감이 넘친다. 현대화된 쇼핑몰이 대부분 건물 내에 입주해 있는 반면, 남대문시장은 많은 부분이 노천에 있다. 외국인에게 남대문시장을 소개하고 같이 쇼핑을 가지 않겠냐고 권해보자.

🗣 Dialogue

It's a large open air market.
그것은 대규모 노천시장이에요.

Steve	I'd like to visit a traditional market.
Mihyeon	Why don't you visit Namdaemun Market?
	It's a large open air market.
Steve	That's good. What do they sell?
Mihyeon	Everything.
	We used to say that if you couldn't find an item at Namdaemun Market, you wouldn't find it anywhere.
Steve	Really? Do foreigners often visit the market?
Mihyeon	Yes, they do.
	They often visit to see the everyday life of Koreans.
Steve	Do they speak English in the stores?
Mihyeon	Not usually. You'd better go with Koreans or learn some Korean before you visit.

스티브	전통시장에 가보고 싶어요.
미현	남대문시장을 한번 방문해 보세요.
	그 시장은 대규모 노천시장이에요.
스티브	좋아요. 무엇을 팔죠?
미현	모두 다요.
	전에는 남대문시장에서 구하지 못한 물건은 다른 어느 곳에 가서도 구할 수 없다고 말하곤 했어요.
스티브	정말이에요? 외국인들도 종종 그 시장을 방문하나요?
미현	네, 그래요.
	외국인들은 한국인의 평소 삶을 보기 위해 종종 찾아요.
스티브	가게에서 영어가 통하나요?
미현	보통은 그렇지 않아요. 한국 사람하고 같이 가든가, 방문하기 전에 몇 가지 한국말을 배우는 게 좋을 거예요.

open air 노천의
market 시장
used to ~하곤 했다
find 찾다, 구하다
anywhere 어느 곳에서도
everyday 일상의
life 삶
usually 보통, 대개
had better ~하는 게 좋다
learn 배우다
Korean 한국어

🌸 외국인이 꼭 물어보는 질문 Best 5

1 Tell me about Namdaemun Market.
남대문시장에 대해 말해 주세요.

한국 최초의 대규모 전통시장이에요.	It's the first large conventional market in Korea.
많은 소규모 상점과 노점상들이 있는 노천시장이에요.	It's an open air market with many small shops and street vendors.
만 개 이상의 가게가 빽빽이 들어서 있어요.	Over ten thousand stores are closely jammed together.

2 What items do they sell? 무슨 물건을 팔죠?

| 거의 모든 종류의 상품들이 있어요. | They have almost all kinds of products. |
| 기념품이 될 만한 좋은 전통 상품도 발견할 수 있을 거예요. | You can also find some good traditional items for souvenirs. |

3 How's the price, compared to other shopping places? 다른 쇼핑 장소와 비교해 가격이 어때요?

| 좋은 상품을 싼 가격에 살 수 있이요. | You can buy quality goods at bargain prices. |
| 가격은 보통 다른 곳보다 10~20% 정도 낮아요. | The price is usually 10 to 20 percent lower than other places. |

4 Is there any other traditional market in Seoul?
서울에 또 다른 전통시장이 있어요?

동대문 근처에 동대문시장이 있어요.	There's one called Dongdaemun Market near the East Gate.
전통시장 건물들이 현대화된 쇼핑몰과 나란히 있어요.	Traditional market buildings exist alongside modernized shopping malls.

5 Do I need to negotiate with the vendors when buying goods?
물건을 살 때 노점상과 가격을 흥정할 필요가 있나요?

그럴 필요는 없지만, 흥정이 가능하긴 해요.	You don't have to, but it is possible.
가격이 너무 높다고 생각하면 그렇게 해보세요.	You may want to try if you think something is over priced.

손쉽게 꺼내 쓰는 활용 만점 패턴

1 The prices here are usually lower than in other places.
이곳의 가격은 보통 다른 곳들보다 싸요.

시장을 찾는 외국인들은 가격에 관심이 많다. 비교급 표현을 사용해 가격을 비교해서 말해 보자.

Leather goods here are cheaper than in other areas.
이곳의 가죽 제품이 다른 곳들보다 싸요.

The price here is about 20% less than in other shopping districts.
가격이 다른 쇼핑가보다 20% 정도 싸요.

2 They usually don't speak English. 그들은 보통 영어를 하지 못해요.

쇼핑을 할 때 영어로 말할 수 있는지 궁금해 하는 외국인들이 많다.

English is used in the market. 그 시장에서는 영어가 통해요.
Shopkeepers speak some English. 가게 주인들은 영어를 좀 해요.

3 We used to say that you could find anything in the market.
그 시장에서는 무엇이든 찾을 수 있다고 말하곤 했어요.

과거의 상황을 설명할 때 「used to + 동사원형(~하곤 했다)」 구문을 사용할 수 있다.

Koreans used to make a large amount of *kimchi* before winter.
과거에 한국인들은 겨울이 오기 전에 많은 양의 김치를 담갔어요.
I used to go to Deoksugung when I was a kid.
나는 어렸을 때 덕수궁에 가곤 했어요.

4 Many foreigners as well as Koreans come to the market.
한국인뿐 아니라 많은 외국인들이 이 시장에 와요.

외국인을 안내하다 보면 '~도 할 수 있고, ㆍ도 할 수 있어요'라는 말을 자주 하게 된다. 이때는 as well as(~뿐만 아니라 …도 역시) 구문을 사용한다.

English as well as Japanese is used here. 여기서는 일어뿐 아니라 영어도 사용돼요.
You can enjoy beautiful scenery as well as good food.
맛있는 음식뿐 아니라 경치도 즐길 수 있어요.
Instructions will be given in English as well as in Korean.
지시사항은 한국어뿐 아니라 영어로도 주어집니다.

나도 우리나라 홍보대사

동대문시장

동대문시장은 서울의 동대문 인근에 있어요.

이 시장은 열 구획(블록)을 점하고 있는, 한국에서 가장 규모가 큰 도매 및 소매 쇼핑가예요.

이곳에는 실크, 의류, 가구, 침구, 전기제품, 전자제품과 같은 특정 품목을 전문적으로 취급하는 건물들이 많이 있어요. 많은 커플들이 결혼 전에 쇼핑을 하러 부모와 함께 이곳에 오지요.

일부 현대식 건물에서는 소책자와 통역서비스가 제공돼요. 보다 편리한 쇼핑경험을 제공하기 위해 이런 종류의 현대식 쇼핑몰은 극장, 미술관, 식당가 등을 갖추고 있어요.

Dongdaemun Market

Dongdaemun Market is near the East Gate of Seoul.

It is Korea's largest wholesale and retail shopping district, comprising ten blocks of the market area.

There are many buildings specializing in certain items, such as silks, clothes, furniture, bedding, electrical supplies and electronics. Many couples visit here for shopping with their parents before their wedding.

In some modern style buildings, brochures and interpretation services are available. In order to provide a more comfortable shopping experience, this kind of modern shopping mall is equipped with cinema theaters, galleries and eateries.

3. Insadong specializes in traditional goods.
인사동은 전통상품을 전문으로 취급해요.

이태원은 외국인 취향에 맞는 다양한 상품이 있어 외국인들이 즐겨 찾지만 인사동은 한국의 문화와 전통을 배울 수 있는 곳이어서(It's a place to learn about Korean culture and tradition.) 외국인들이 많이 찾는다. 또한 인사동은 우리의 전통상품이 많아 기념품이나 선물을 사기에 적합한 곳이다. 일 때문

에 만났던 외국인이 일을 마치고 나자 인사동엘 가자고 했다. 그리고 나전칠기점에 들어가더니 물건을 한참 고른 후 값을 흥정해 달라고까지 했다. 이처럼 인사동은 Mary's Alley(메리의 골목길)라고 불릴 만큼 외국인들에게 친근한 거리다.

한편 인사동은 서울의 도심에 위치하고 있고, 인근에 고궁과 공원이 있으며, 길가에 늘어선 상점들에 들어가 우리 전통상품의 멋을 감상할 수 있는 곳이다. 운이 좋으면 주말에는 우리 전통문화를 소재로 한 거리공연(street performances)도 마주칠 수 있고, 도자기 만드는 모습도 볼 수 있다. 또한 전통찻집에서 옛 음악을 들으며 전통차를 마실 수도 있고, 근처에 많이 있는 미술관에 들러 현대미술작품도 감상할 수 있다. 이런 사실들을 들려주면 외국인들은 큰 흥미를 느낄 것이다.

🏵 Dialogue

Insadong specializes in traditional goods.
인사동은 전통상품을 전문으로 취급해요.

Steve I'm interested in buying some traditional Korean goods.

Mihyeon I'd recommend Insadong street.

Steve What's that?

Mihyeon It's an art and antiques district.
Insadong specializes in traditional goods.

Steve What do they have?

Mihyeon They carry traditional items like lacquerware and pottery.
You can also find antiques and folk paintings.

Steve That sounds wonderful.

Mihyeon On weekends, you can come across street performances
of traditional music and other interesting events.

Steve Really? How can I get there?

Mihyeon It's easy. Take a subway, and get off at either Jonggak
station on Line 1 or Anguk station on Line 3.

스티브	전통적인 한국 상품을 사고 싶어요.
미현	인사동을 추천해요.
스티브	어떤 곳인데요?
미현	그곳은 예술과 골동품 지역이에요.
	인사동은 전통상품을 전문으로 하고 있어요.
스티브	무엇을 팔아요?
미현	나전칠기, 도자기와 같은 전통상품을 취급하고 있어요.
	골동품이나 민속화도 찾아볼 수 있어요.
스티브	훌륭하네요.
미현	주말에는 길거리 전통음악 공연이나 다른 흥미 있는 이벤트를
	마주칠 수도 있어요.
스티브	정말요? 그곳에 어떻게 가요?
미현	쉬워요. 지하철을 타고 1호선 종각역이나 3호선 안국역에서 내리면 돼요.

specialize 전문화하다
goods 상품
art 예술
antique 골동품
district 지역
carry 팔고 있다, 지니다, 운반하다
lacquer 옻칠한
ware 제품
pottery 도자기
folk 민속의
painting 그림
come across 마주치다
performance 공연
station 역

🌸 외국인이 꼭 물어보는 질문 Best 5

1 Why is Insadong so popular among foreigners?
왜 인사동이 외국인들 사이에서 그렇게 인기가 있죠?

한국의 문화와 전통을 배울 수 있는 좋은 장소예요.	It's a good place to learn about Korean culture and tradition.
이곳은 흔히 '전통문화의 거리', '살아 있는 민속박물관'이라고 불립니다.	It's often called "a street of traditional culture" or "a living folk museum."

2 What do they sell there? 그곳에선 무엇을 팔아요?

나전칠기, 도자기, 자수품과 같은 전통 수공예품을 취급해요.	They carry traditional handicrafts such as lacquerware, pottery and embroidery.
골동품, 전통민화, 서예품 등도 있어요.	There are also antiques, traditional folk paintings and calligraphy.

3 How's the price? (Is it expensive?)
가격은 어때요? (비싸요?)

전통 액세서리를 좋은 가격에 살 수 있어요.	Traditional accessories are available at good prices.
나전칠기나 골동품은 비싸긴 하지만 흥정이 가능해요.	Lacquerware and antiques are expensive, but the price is negotiable.

4 What traditional Korean gifts do you recommend to buy? 어떤 전통 한국 선물을 추천하시겠어요?

전통 탈을 추천하겠어요.	I'd recommend traditional masks.
나전칠기로 된 보석함도 좋은 선물이 될 거예요.	A lacquerware jewelry box will make a good gift.
차 마시는 데 쓸 찻주전자와 조그만 컵도 선물로 인기 있는 제품들이에요.	Teapots and small cups for drinking tea are popular items for gifts.

5 Are there any interesting places nearby?
근처에 방문할 만한 흥미로운 곳이 있나요?

인사동과 그 주변에 전통 찻집과 미술관이 많이 있어요.	There are many traditional tea houses and art galleries in and around Insadong.
고궁이 몇 군데 있고 가까운 곳에 종묘도 있어요.	There are some old palaces and the Royal Shrine nearby as well.

🌸 손쉽게 꺼내 쓰는 활용 만점 패턴

1 Are you interested in buying traditional goods?
전통 상품을 사고 싶으세요?

외국인들에게 무슨 물건을 사고 싶으냐고 물을 때 다음과 같은 표현들을 사용할 수 있다.

Would you like to buy some gifts? 선물을 사고 싶으세요?
Do you want to buy some souvenirs? 기념품을 사고 싶으세요?
Are you looking for a gift for your wife? 부인에게 드릴 선물을 찾으세요?

2 It's a good place to learn about Korean culture.
한국의 문화를 배우기에 좋은 곳이에요.

어떤 장소를 안내할 때 to부정사를 활용하여 장소에 대해 설명해 보자.

It is a good place to enjoy the panoramic view of Seoul.
서울의 전경을 즐길 수 있는 좋은 장소예요.
There are some interesting places to visit nearby.
인근에 방문할 만한 흥미로운 곳들이 좀 있어요.
Rural markets are wonderful places to see the lifestyles of local people.
재래시장은 지방 사람들의 삶을 볼 수 있는 훌륭한 장소예요.

3 It's a street lined up with shops. 가게가 죽 늘어선 거리예요.

어떤 장소나 물건 등을 설명할 때 동사의 과거분사형을 사용하여 말할 수 있다.

It's a traditional market packed with small stores and vendors.
그곳은 조그만 가게와 노점상들로 꽉 들어찬 전통시장이에요.
It's a famous stone pagoda designated as a National Treasure.
그것은 국보로 지정된 유명한 석탑이에요.

4 Get off at either Jonggak station or Anguk station.
종각역이나 안국역에서 내리세요.

둘 중 어느 하나를 선택해도 좋다는 표현을 하고자 할 때 either A or B의 패턴을 사용한다.

You can have either coffee or green tea. 커피를 드시거나 녹차를 드실 수 있어요.
You can either stay with me or go home. 나와 함께 있어도 좋고, 집에 가도 좋아요.

전통 공예품

전통 공예품은 그것을 사용했던 사람들의 삶과 풍습을 나타냅니다.

전통 공예품들은 금속, 목재, 진흙, 종이, 조개껍질 등과 같은 다양한 재료로 만들어져요. 도자기, 장신구, 목제품, 나전칠기 등이 가장 인기 있어요.

한국은 도자기 제조에 있어서 풍부한 전통을 갖고 있으며, 고려청자나 백자는 전 세계 도자기 수집가들의 수집 대상이 되고 있지요.

전통적인 디자인을 지닌 장신구와 탈과 같은 목제품들도 외국인들 사이에서 인기가 있어요.

특히, 조개껍질을 박아 넣은 나전칠기는 많은 외국인 관광객들이 가장 선호하는 기념품 중의 하나로 여겨지고 있어요.

Traditional Craft Products

Traditional craft products represent the life and customs of the people who used them.

They are made of a variety of materials such as metal, wood, clay, paper and sea shells. Pottery, personal ornaments, wooden products, and lacquerware are the most popular.

Korea has a rich tradition of pottery-making and Korean celadon and porcelain are sought after by pottery collectors around the world.

Personal ornaments with traditional designs and wooden products such as masks are also popular among foreigners.

In particular, lacquerware decorated with sea shells is considered one of the best souvenirs by many foreign tourists.

4. I suggest Yongsan Electronics Market.
용산 전자상가에 가보세요.

우리가 디지털 강국으로 부상한 이후 많은 외국인들이 우리 전자제품에 높은 관심을 보이고 있다. 우리도 일본에 가면 전자상가(electronics districts/markets)가 어디에 있냐고 종종 묻듯이, 많은 외국인들이 한국에 오면 전자상가가 어디에 있는지 묻는다. 해외여행의 큰 즐거움 중 하나가 좋은 제품을 값싸게 구입하는 것이므로, 외국인에게 추천할 만한 전자상가를 안내해 보는 것도 좋겠다.

서울 등 대도시에는 전자제품을 중심으로 한 상가가 꽤 많이 있다. 이 가운데 서울의 용산전자상가는 20개 동이 넘는 상가 건물에서 전자제품을 팔고 있는데, 컴퓨터와 주변기기, 디지털카메라, 음향기기, 사무용품, 휴대폰 등과 컴퓨터게임 등의 소프트웨어를 할인된 가격에(at discount prices) 판매하고 있다.

아시아에서 가장 큰 규모의 전자상가로 알려진(Known as the largest electronics market in Asia) 용산전자상가는 외국인들이 즐겨 찾는 장소이다. 외국인들은 어느 전자상가에서 물건을 얼마만큼 싸게 구입할 수 있는지를 가장 많이 물어보므로, 가격과 관련한 표현을 잘 알아두는 것이 좋겠다. 한편 물건을 구매하기 전에 인터넷에서 검색을 해보라고 조언을 하거나 구매 시 주의사항 등의 정보를 함께 알려주면 아주 고마워할 것이다.

Dialogue

I suggest Yongsan Electronics Market.
용산전자상가에 가보세요.

Steve   Where should I go to buy specialty goods?

Mihyeon   What kind are you looking for?

Steve   Electronics – computers, digital cameras and so on.

Mihyeon   I suggest Yongsan Electronics Market.

Steve   Is it a famous electronics district?

Mihyeon   Yes, it is.

It's known as the largest market of its kind in Asia.

Steve   Really? Do they offer discount prices?

Mihyeon   Yes, they do.

The prices are generally 20 to 30 percent less.

Steve   That's good. How can I get there?

Mihyeon   It's easy.

Take subway Line 1 and get off at Yongsan station.

The market is connected to the station.

스티브	전문제품을 사려면 어디에 가야 하죠?
미현	어떤 제품을 찾는데요?
스티브	전자제품이요. 컴퓨터, 디지털카메라 같은 것들요.
미현	용산전자상가에 가보세요.
스티브	유명한 전자상가예요?
미현	네.
	그곳은 동종의 시장으로는 아시아에서 가장 큰 규모의 시장으로 알려져 있어요.
스티브	정말이에요? 할인가격으로 판매하나요?
미현	네.
	가격이 일반적으로 20~30% 싸요.
스티브	좋아요. 그곳에 어떻게 가죠?
미현	쉬워요. 지하철 1호선을 타고 용산역에서 내리세요.
	상가는 역과 연결되어 있어요.

suggest 제안하다
electronics 전자제품
look for ~을 찾다
specialty 전문제품
digital 디지털식의
and so on ~등등
offer 제공하다
discount 할인
price 가격
generally 일반적으로
less 더 적게
connect 연결하다

외국인이 꼭 물어보는 질문 Best 5

⬚⬚

1 Where is the "electronics district" in Korea?
한국의 전자상가는 어디인가요?

대도시에는 전자상가가 많이 있어요.	There are many electronics districts in big cities.
서울에서는 그 중 용산전자상가가 제일 유명해요.	Among them, Yongsan Electronics Market is the most famous in Seoul.

2 Do they sell at discount prices? 할인된 가격으로 팔아요?

정상가에서 10~30% 싸게 팔아요.	They sell at 10 to 30 percent off the regular price.
가격이 일반적으로 다른 매장들보다 10% 정도 싸요.	The price is generally 10% less (lower) than other outlets.
현재 10~20% 할인된 가격에 세일 중이에요.	They are on sale now at a 10 to 20 percent discount.
40~50% 싸게 판매하는 제품도 찾을 수 있어요.	You can find products on sale at 40 to 50% cheaper.
여기서는 모든 제품이 정찰제예요.	All items are sold here at a fixed price.

⬚⬚

3 What products are available there?
그곳에서는 어떤 상품을 구입할 수 있나요?

컴퓨터에서 MP3 플레이어에 이르기까지 모든 제품을 싼 가격에 구할 수 있어요.
You can find great deals on anything from computers to MP3 players.

미리 요금을 지불한 휴대폰을 구입하기에 가장 좋은 장소예요.
It is an excellent place to purchase a prepaid cell phone.

4 Do stores open on weekends? 가게들이 주말에 문을 여나요?

주말에는 오전 10시에서 오후 5시까지 영업해요.
They open from 10 a.m. to 5 p.m. on weekends.

매달 첫째, 셋째 일요일은 문을 닫아요.
They're closed on the first and third Sundays of each month.

5 Where is it? 어디에 있어요?

서울역에서 가까워요.
It's near Seoul Station.

거기서 차로 5분 거리예요.
It's about 5 minutes by car from there.

지하철을 타고 바로 그곳에 갈 수 있어요.
You can take the subway right to it.

🐾 손쉽게 꺼내 쓰는 활용 만점 패턴

1 The market is the largest of its kind in Asia.
같은 종류의 시장으로는 아시아에서 제일 커요.

뭔가를 소개하며 '같은 종류 중에서 가장 ~하다'라고 말할 때는 of its kind를 사용한다.

The celadon is praised as being the best of its kind.
그 청자는 같은 종류의 자기 중 최고의 것으로 평가되고 있어요.

The temple bell is known as the oldest of its kind in Korea.
그 범종은 같은 종류의 범종 중 한국에서 가장 오래된 것으로 알려져 있어요.

2 They sell sound equipment, games and so on.
음향기기와 게임 등을 팔아요.

여러 개를 나열하면서 '~ 등등'이라고 말할 때 사용하는 표현이다.

We'll visit some attractions such as palaces, temples and so forth.
우리는 고궁, 사찰 등과 같은 관광명소를 방문할 거예요.

Other popular rice cakes include *injeolmi*, *jeolpyeon* and many others.
기타 인기 있는 떡으로는 인절미, 절편 등 여러 가지가 있어요.

3 You'd better check the price on the Internet before you visit.
방문 전에 인터넷에서 가격을 체크해 보는 게 좋아요.

주의해야 할 사항을 조언해 줄 때 「You'd better/You need to+동사원형」를 사용할 수 있다.

You'd better learn some Korean words and phrases before you go there.
그곳에 가기 전에 한국말 몇 마디는 배우고 가는 것이 좋아요.

You need to decide where to go before you get there.
그곳에 가기 전에 어느 곳에 가야 할지 결정할 필요가 있어요.

4 The market is directly connected to the subway.
시장은 지하철과 바로 연결되어 있어요.

상가가 지하철과 연결되어 있다는 표현을 connect나 link라는 동사를 활용해서 말해 보자.

The department store is connected to the subway station.
그 백화점은 지하철역과 연결되어 있어요.

The shopping center is linked to the subway station.
그 쇼핑센터는 지하철역과 연결되어 있어요.

나도 우리나라 홍보대사 ～

테크노마트

테크노마트는 매우 다양한 전기제품과 전자제품을 판매하는 현대식 쇼핑센터예요.

이곳은 지하철 2호선 강변역과 동서울 버스터미널에서 걸어서 얼마 안 되는 거리에 편리하게 위치해 있어요.

여기서 첨단의 전자제품을 할인된 가격에 구입할 수 있어요. 약 2,000개의 상점들이 컴퓨터 관련 제품, 디지털카메라, 음향기기, 가전제품 등을 취급하고 있어요.

건물 안에는 영화, 공연을 위한 공간과 간이식당도 있습니다. 또한 스카이라운지에는 서울시를 가로질러 흐르는 한강을 내려다볼 수 있는 전망대가 있어요.

Techno Mart

It is a modern shopping center selling a wide variety of electric and electronic goods.

It is conveniently located within walking distance from Gangbyeon station on Line 2 and East Seoul Bus Terminal.

Here, you can purchase state-of-the-art electronic items at discounted prices. About two thousand stores are handling computer related goods, digital cameras, sound equipment, home electrical appliances and many others.

There are also some areas in the building for movies, performances, and eateries. There's also an observatory in the sky lounge with a view of the Han River, running through the city of Seoul.

5. COEX Mall is a hangout for youngsters.
코엑스몰은 젊은이들이 자주 가는 곳이에요.

최근에 우리나라로 유학을 오는 외국인 학생들이 늘어나고 젊은 배낭객들도 우리나라를 많이 찾는데, 이들에게는 젊은이들이 자주 가는 현대식 쇼핑몰(modern shopping malls)을 추천하는 것이 좋다. 특히 이러한 곳들은 쇼핑뿐 아니라 여가를 즐길 수 있는 시설도 함께 갖추고 있어 외국의 젊은이들도 무척 좋아한다. 가끔 외국인 학생들에게 서울에 있는 코엑스몰, 압구정동, 강남, 신촌 등을 소개하면 다녀와서 대부분 만족스러워한다.

이 중 코엑스몰은 서울 강남의 중심부에 있는 쇼핑, 문화, 여가 공간이다. 패션의류점, 액세서리점 등 젊은이들의 취향에 맞는 가게가 많이 있으며, 각종 음식을 즐길 수 있는 음식점과 카페 외에도 대형 극장, 수족관, 게임류, 디스코 등의 여가시설이 잘 갖춰져 있다(The Mall is well equipped with leisure facilities). 또한 코엑스 센터에서는 다양한 전시회와 행사가 열리며, 오디토리움과 아트홀에서는 공연을 즐길 수도 있다. 젊은 외국인들에게 이곳은 신세대들이 가장 자주 찾는 장소 중의 하나라고 소개하고, 한국의 젊은 세대가 어떻게 여가생활을 즐기는지 보고 싶으면 이곳에 한번 가보라고 권해보자.

 **Dialogue**

COEX Mall is a hangout for youngsters.
코엑스몰은 젊은이들이 자주 가는 곳이에요.

Steve   Where do you go for shopping?

Mihyeon   COEX Mall.

It's a hangout for youngsters.

Steve   What can you do there?

Mihyeon   Hmm... Almost anything you can think of.

You can go to the movies, observe the new trendy styles of the youngsters or visit the food-plaza.

They even have a bookstore and beauty shops.

Steve   Wow! What else?

Mihyeon   There are many shops for clothing, shoes, coffee and so on. Good bakeries, too.

Steve   I can see you really like the place, huh.

Mihyeon   You can say that again. It's also in a good location.

You take the green line to Samsung station, and it's right there.

스티브	당신은 쇼핑하러 보통 어디에 가죠?
미현	코엑스몰이요.
	코엑스몰은 젊은이들이 자주 가는 곳이에요.
스티브	그곳에서 무얼 하는데요?
미현	음…. 당신이 생각할 수 있는 것은 거의 다요.
	영화를 보거나, 젊은이들의 최신 유행을 구경하거나,
	푸드플라자에 갈 수 있어요. 게다가 서점과 미장원까지 있어요.
스티브	와! 또 뭐가 있어요?
미현	옷 가게, 신발 가게, 커피 가게 등이 많이 있어요.
	맛있는 빵집들도 있고요.
스티브	당신은 정말 그곳을 좋아하는 것 같네요.
미현	맞아요. 위치도 좋은 곳에 있어요.
	지하철 녹색선(2호선)을 타고 삼성역으로 가면 바로 있어요.

mall 상점가
hangout 자주 가는 곳
youngster 젊은이
observe 관찰하다
trendy 최신 유행의
plaza 광장
even 심지어 ~까지
bookstore 서점
beauty shop 미장원
clothing 의류
shoes 신발
bakery 빵집
location 위치

🗣 외국인이 꼭 물어보는 질문 Best 5

1 What makes the COEX Mall special?
코엑스몰은 뭐가 특이하죠?

한국에서 가장 큰 지하상가예요. It is the largest underground shopping mall in Korea.

그곳은 또한 대규모 복합극장, 컴퓨터 게임룸, 콘서트홀 등을 갖춘 인기 있는 오락 공간이에요. It is also a popular entertainment area with a large cinema complex, computer game rooms and concert halls.

몰 안에 대형 수족관과 김치박물관이 있어요. There's a large aquarium and the Kimchi Museum is inside the mall.

2 What do Korean college students do for the weekend? 한국 대학생들은 주말에 무얼 하죠?

영화를 보러 가거나 콘서트에 가요. They go to the movies or music concerts.

친구들을 만나거나 소개팅에 나가요. They meet friends or go out on blind dates.

집이나 도서관에서 공부해요. They study at home or in the library.

3 Where in Seoul can I find a nightclub?
서울 어디에서 나이트클럽을 찾을 수 있어요?

신촌 지역에 가보세요. 특히 홍대역 인근 지역이요. I recommend you go to the Sinchon area, especially around Hong-ik Univ. station.

저는 안 가봤지만 그 지역의 클럽들은 좋은 평을 듣고 있어요.
I haven't been there but the clubs in that area have a good reputation.

게다가 신촌엔 주요 대학들이 많이 있어서 대학가 같은 분위기가 나요.
Plus, there are many major universities in Sinchon so it brings out the campus-like atmosphere.

4 Do you know where I can get a pre-paid cell phone? 선불제 휴대폰은 어디서 살 수 있는지 아세요?

아마 휴대폰 가게에서 살 수 있을 거예요. 하지만, 모든 가게가 다 취급하지는 않아요.
You could probably get one from a cell phone shop, but not every shop carries them.

먼저 전화를 해보거나 다른 외국인 학생에게 물어보세요.
You should call them up first or ask other foreign students.

5 How do I make international calls from the public phone? 공중전화에서 어떻게 국제전화를 하나요?

편의점이나 신문판매대에서 전화카드를 사세요.
You need to buy a phone-card from convenience stores or newsstands.

전화하는 방법은 카드 뒷면에 적혀 있어요.
Instructions are on the back of the card.

보통, 카드에 나와 있는 번호를 누른 다음 원하는 전화번호를 누르면 돼요.
Usually you need to dial the numbers provided on the card, then the numbers you wish to call.

🌀 손쉽게 꺼내 쓰는 활용 만점 패턴

1 It is a hangout for youngsters. 그곳은 젊은이들이 자주 찾는 곳이에요.

사람들이 자주 찾는 곳이라고 말할 때에는 다음과 같은 다양한 표현들을 활용해 보자.

It's a frequently visited place by youngsters. 그곳은 젊은이들이 자주 방문하는 장소예요.
It's frequented by college students. 그곳은 대학생들이 자주 찾아와요.
It attracts many young people. 그곳은 젊은 사람들을 많이 끌어들여요.

2 You can also check out the department store.
백화점에서 찾아볼 수도 있을 거예요.

무엇을 제안할 때 You can ...을 써서 '당신은 ~을 할 수 있을 거예요'라는 우회적 표현을 자주 쓴다.

You can try the food plaza if you're busy. 바쁘면 푸드플라자에서 식사해 보세요.
You can try his home number. 집 전화번호로 한번 해보세요.
You can talk with Mr. Kim. 김선생하고 얘기를 해보세요.

3 I can see you really like the place. 당신은 정말 그곳이 마음에 드나 봐요.

상대방의 말이나 행동을 보고 받은 느낌이나 생각을 말할 때 쓸 수 있는 표현이다.

I think that you really love the place. 당신은 정말 그곳을 좋아하나 봐요.
You seem to like it very much. 그것을 정말 좋아하는 것처럼 보여요.

4 You can say that again. 당신 말이 딱 맞아요.

상대방의 말이 맞는 말이라고 맞장구칠 때 사용하는 표현이다. 상대방의 말을 들으면서 '맞아요, 그래요'라고 적당히 대꾸하는 것은 좋은 대화 습관이다.

You are quite right. 당신 말이 딱 맞아요.
You are so right. 당신 말이 정말 맞아요.
That's right. 당신 말이 맞아요.

나도 우리나라 홍보대사

신촌 지역

신촌 지역은 맥주집, 나이트클럽, 고급 음식점, 포장마차라고 하는 도로변 음식점들이 많아서 젊음이 넘치는 밤생활로 유명해요.

연세, 이화여자, 서강, 홍익대학교 등 4개의 대학교가 이 지역에 밀집되어 있어요. 따라서 이 지역은 젊고, 활기로 가득 차 있지요.

이화여대 인근 지역

많은 상점들이 젊은 대학생들을 주요 고객으로 하고 있으며, 최신 유행상품을 할인된 가격으로 팔아요.

이화여자대학교의 정문에서부터 길가를 따라 있는 가게들은 패션의류, 신발, 가방, 여성 액세서리를 전문으로 취급하고 있어요.

홍익대 인근 지역

홍익대학교 인근 지역은 매달 마지막 금요일에 있는 '클럽의 날'로 특히 유명해요. 티켓 한 장으로 이 지역에 있는 많은 클럽에 입장할 수 있으며, 술 한 잔이 무료지요. 이날은 음악과 춤이 어디에나 있답니다.

Sinchon Area

The Sinchon area is famous for its youthful nightlife with many beer halls, night clubs, fancy restaurants and roadside food stands called *pojangmacha*.

Four universities are concentrated in this area, Yonsei, Ewha Womans, Sogang and Hongik Universities. So the area is youthful and full of energy.

Ewha Womans University

Many stores target young college students and sell trendy items at discount prices.

The stores alongside the road from the main gate of Ewha Womans University specialize in fashion clothing, shoes, bags and women's accessories.

Hongik University

The area near Hongik University is particularly famous for its "Club-Day" on the last Friday of every month. A ticket allows you to enter the many clubs in the area with one drink on the house. Music and dancing is everywhere on this day.

6. You can find a local specialty.
지방 특산품을 볼 수 있어요.

서울 등 대도시를 벗어나면 우리 전통의
재래시장(rural markets)들이 있다. 이러
한 시장들은 여행과 겸해서 가볼 수 있으
며, 서민들의 훈훈한 삶의 모습을 볼 수
있는 곳이다. 이런 재래시장 중에는 오래
전부터 우수한 품질의 특산품을 판매하여
국내뿐 아니라 국제적인 명성을 갖고 있
는 곳도 있다.

외국인들에게 추천해도 손색이 없는 상품을 몇 가지 예로 들자면 강화도의 화문석, 이천
의 도자기, 금산의 인삼, 담양의 죽공예품, 안동의 전통 탈, 보성의 녹차 등이 있다. 이러
한 우리 고유의 지방 특산품(local specialties)을 외국인에게 소개하고 그 물건을 직접
사러 그 시장에 한번 들러보지 않겠냐고 권해보자.

이 경우 시장이 어디에 있는지, 어떻게 가는지, 그곳에 가면 쇼핑 외에 무엇을 할 수 있
는지를 함께 알려주면 좋다. 외국인들은 먼저 묻기보다 설명을 들으면서 물어보는 경우
가 많으므로 흥미로운 얘깃거리를 준비해 놓도록 하자. 예를 들어 강화도에는 고려 및
조선시대의 역사유적(historical remains)이 남아 있으며, 유명한 사찰도 있고, 유네스
코에 의해 세계유산으로 지정된 고인돌 등이 있다고 소개해 주면 이것저것 관심을 갖고
물어볼 것이다.

⑨ Dialogue

You can find a local specialty.
지방 특산품을 볼 수 있어요.

Mihyeon Do you have any plans this weekend?

Steve No, nothing particular.

Mihyeon Let's go out of town for some fresh air.
Ganghwa Island is a good place to visit.
It's only an hour's drive from Seoul.

Steve That's great.
By the way, what are we going to do there?

Mihyeon Well, we'll drive around the island visiting some historical places. After that, we'll visit a traditional market. There you can find a local specialty popular among foreigners.

Steve What's that?

Mihyeon A rush mat.
They have a beautiful flower pattern on them.

Steve Really? I want to see one.

미현	이번 주말에 무슨 계획 있어요?	**local** 지방의
스티브	아뇨, 특별한 계획 없어요.	**plan** 계획
미현	신선한 바람이나 쐬러 교외에 함께 나가보죠.	**weekend** 주말
	강화도가 방문하기 좋아요.	**particular** 특별한
	서울에서 차로 한 시간 거리밖에 안 돼요.	**fresh** 신선한
스티브	좋네요.	**air** 공기
	그런데, 그곳에서 무일 하죠?	**drive** 운전
미현	글쎄요, 역사적인 장소를 몇 군데 들르면서 섬을 한 바퀴 돌 거예요.	**historic** 역사적인
	그 다음에 전통시장을 방문할 거예요. 그곳에서 외국인들 사이에서 인기	**rush** 골풀
	있는 지방 특산품을 볼 수 있을 거예요.	**mat** 돗자리
스티브	그게 뭐예요?	**pattern** 무늬
미현	화문석이에요.	
	돗자리 위에 아름다운 꽃무늬가 있어요.	
스티브	그래요? 보고 싶네요.	

🍀 외국인이 꼭 물어보는 질문 Best 5

1 What do they sell in rural markets?
지방 재래시장에서는 무엇을 팔죠?

일상생활에서 필요한 농산물과 잡화 등을 팔아요.
They sell agricultural products and miscellaneous items needed for everyday life.

대부분의 지방시장은 그들만의 특산품이 있어요.
Most local markets have their own specialty products.

2 What items from rural markets are popular?
지방 재래시장의 물건 중 어떤 물건이 인기가 있죠?

화문석이 외국인들 사이에서 인기가 있어요.
Rush mats are popular among foreigners.

전통 탈이 관광기념품으로 인기 있어요.
Traditional masks are popular as tourist souvenirs.

수공예 죽(竹)제품도 선물로 좋아요.
Handmade bamboo products also make good gifts.

3 Is there a famous rural market near Seoul?
서울 근처에 유명한 재래시장이 있어요?

강화도의 시장들이 화문석으로 유명해요.
Markets on Ganghwa Island are famous with rush mats.

이천에는 도자기 전시판매장이 많아요.
There are many ceramics exhibition halls in Icheon.

4   Where can I purchase a traditional Korean mask? 어디에서 전통 한국 탈을 살 수 있어요?

대부분의 인기 있는 관광지에서 탈을 살 수 있어요.	You can purchase masks at most popular tourist sites.
안동 지역은 전통 탈을 생산하는 곳으로 유명해요.	Andong area is famous for producing traditional masks.
안동은 차로 서울에서 남동쪽으로 대략 4시간 되는 거리에 위치해 있어요.	Andong is located approximately 4 hours southeast of Seoul by car.

5   Where can I find good quality bamboo products? 어디서 좋은 품질의 죽제품을 찾을 수 있어요?

담양 대나무시장에서 가장 좋은 제품을 찾을 수 있을 거예요.	You can find the best ones in Damyang Bamboo Market.
담양은 전라도에 있으며, 서울에서 차로 약 4시간 정도 걸려요.	It is in Jeolla Province and about 4 hours drive from Seoul.

🌀 손쉽게 꺼내 쓰는 활용 만점 패턴

1 **Rural markets are usually held every 5 days.**
시골장은 보통 5일마다 한 번씩 열려요.

규칙적으로 '얼마 만에 한번씩'이라고 말할 때는 every를 사용한다.

The animal band cycles every 12 years. 띠는 12년마다 한 번씩 돌아와요.
The observatory rotates every half an hour. 전망대는 30분마다 한 번씩 회전해요.
There's a performance every two weeks. 2주에 한 번씩 공연이 있어요.

2 **Traditional mats are popular as tourist souvenirs.**
전통 돗자리는 관광기념품으로 인기 있어요.

선물이나 기념품으로 어떤 것이 좋은지 추천할 때 사용하는 표현이다.

Eel skin products are good for a gift. 뱀장어가죽 제품은 선물로 좋아요.
A traditional jewelry case will make a good present for your wife.
전통 보석함은 부인께 좋은 선물이 될 거예요.

3 **I'm sure (that) you'll like it.** 분명히 당신 마음에 들 거예요.

어떤 물건을 추천할 때 자신 있게 권해보고 싶으면 다음과 같은 표현들을 사용해 보자.

I'm certain your wife will like it. 부인께서 분명히 좋아하실 거예요.
I know for sure that this will make a good gift. 이것은 좋은 선물이 될 거라고 확신해요.

4 **Geumsan festival is famous not only for cultural events but also for ginseng.** 금산축제는 문화행사뿐 이니라 인삼으로 유명해요.

「not only A but also B」 구문을 활용하여 여러 가지를 한꺼번에 소개해 보자.

Ganghwa market is famous not only for rush mats but also for quality ginseng. 강화시장은 화문석뿐 아니라 품질 좋은 인삼으로 유명해요.
The market is famous not only for low prices but also for quality goods.
그 시장은 낮은 가격뿐 아니라 품질 좋은 상품으로 유명해요.

196

나도 우리나라 홍보대사

금산 인삼축제

매년 9월에 열리는 금산 인삼축제는 한국에서 가장 유명한 지방축제의 하나예요. 이 축제는 흥미로운 여러 문화행사뿐 아니라 세계적으로 이름난 인삼의 만병통치 효과로 유명하죠. 인삼은 외국 방문객들 사이에서 인기가 매우 높아요.

남도 음식축제

이 축제는 조선시대부터 있던 한 성(城) 마을에서 매년 10월에 열려요. 전라도 지역의 전통음식이 전시되고 판매돼요. 여러 종류의 김치를 포함해 거의 모든 종류의 전통 한국 음식을 맛볼 수 있어요. 축제기간 중에는 전통 음악공연도 있어요.

강릉 단오제

전국에서 많은 단오 축제가 열려요. 그 중에서 강릉 단오제가 가장 유명해요. 단오는 음력으로 5월 5일이며, 과거에는 3대 명절 중의 하나였어요. 축제기간 중에는 많은 전통 놀이와 게임을 구경하면서 즐길 수 있어요.

안동 국제탈춤페스티벌

안동은 탈로 유명해요. 축제 동안에는 전통 탈춤과 굿이 공연돼요. 또한 국제 탈 전시회도 있어요. 중국, 일본과 그 외 다른 나라에서 온 탈춤 공연팀들은 그들의 전통 탈춤을 공연해요. 판소리, 사물놀이와 같은 한국 전통음악을 위한 특별무대도 있어요.

Geumsan Ginseng Festival

Geumsan Ginseng Festival, held every September, is one of the most famous rural festivals in Korea. It is famous not only for its many interesting cultural events, but also for ginseng's international reputation for its cure-all effects. Ginseng is very popular among foreign visitors.

Namdo Food Festival

It is held in October every year in a castle village from the Joseon dynasty. The traditional food of Jeolla Province is displayed and sold. You can try almost all kinds of traditional Korean food including various kinds of *kimchi*. There's also traditional music performances during the festival period.

Gangneung Dano Festival

There are many Dano festivals around the country. Among them Gangneung Dano Festival is most well-known. Dano is on the 5th day of the 5th lunar month and was one of the three most important traditional holidays in the past. You can enjoy watching many traditional plays and games during the festival period.

Andong International Mask Dance Festival

Andong is famous for its masks. Traditional mask dances and shaman rites are performed during the festival. There's also an international mask exhibition. The mask dance performance teams from China, Japan and other countries perform their traditional mask dances. There's also a special stage for traditional Korean music performances like *pansori* and *samulnori*.

Chapter 6

우리나라
역사
알려주기

1. We hope to see the unification of our country.
우리는 우리나라의 통일을 보고 싶어요.

외국인들은 우리나라의 역사에 대해 묻곤 한다. 하지만 외국인에게 우리 역사에 대해 설명하려다 보면 어려움에 부딪치게 된다. 역사에 관한 지식이나 자신의 견해를 제대로 갖고 있지 못해서이기도 하고, 역사 관련 어휘가 일반 회화의 범주를 벗어나기 때문이기도 하다. 우리나라 역사의 기본적인 사항에 대해서는 미리 관심을 갖고, 표현하고 싶은 내용에 맞는 어휘와 문장 패턴을 익혀놓도록 하자.

외국인들에게 남북분단과 한국전쟁, 경제발전(economic development), 올림픽, 북핵문제(the nuclear issue in North Korea)와 통일문제 등은 생소한 주제가 아니다. 그렇지만 정치적 이슈에 대해서는 신중해야 한다. 의견이 다른 경우가 많아 서로의 감정을 다칠 수 있기 때문이다.

외국인과의 대화에서 가장 무난한 주제는 경제 발전과 관련한 얘기다. 맥아더 장군은 전쟁 이후 폐허가 된 한국을 재건하는 데 수백 년은 걸릴 거라고 예견했으나, 우리는 불과 30년 만에 국제적인 국가로 성장했다(Korea became a big player in international scene in 30 years after the war). 우리의 경제발전 과정에 대해 간략히 설명해 주고 이와 관련된 얘기를 할 수 있도록 준비해 보자.

🗣 Dialogue

We hope to see the unification of our country.
우리는 우리나라의 통일을 보고 싶어요.

Steve   I'm going to visit Panmunjeom tomorrow.

Mihyeon   That's great. Do you know what it is?

Steve   Yes, I know.

It's the place where the South and the North meet.

Mihyeon   That's right.

We meet regularly since the Korean War.

Steve   By the way, what do you think of North Korea?

Don't you think it's dangerous?

Mihyeon   I agree with you because North Korea has nuclear weapons.

But we also feel a closeness with them.

We share many things together like history and language.

Steve   Do you think unification is possible within our lifetime?

Mihyeon   Yes, I do. Of course I know it seems difficult.

But we really hope to see the unification of our countries.

스티브	내일 판문점을 방문할 거예요.
미현	좋네요. 그곳이 무엇인지 아세요?
스티브	네, 알아요.
	남한과 북한이 만나는 장소예요.
미현	맞아요.
	우리는 한국전쟁 이후 정기적으로 만나요.
스티브	그런데 북한에 대해서는 어떻게 생각하세요?
	위험하다고 생각하지는 않아요?
미현	북한이 핵무기를 갖고 있기 때문에 저도 그렇게 생각해요.
	그렇지만 우리는 그들에게 친밀감도 느껴요.
	우리는 역사나 언어 같이 많은 것을 공유하고 있어요.
스티브	당신은 우리 생애에 통일이 가능하다고 생각해요?
미현	네, 그래요. 물론 어려울 거라는 건 알아요.
	그렇지만 우리는 정말 우리나라의 통일을 보기 원해요.

unification 통일
regularly 정기적으로
dangerous 위험한
agree 동의하다
nuclear 핵(核)의, 핵무기의
weapon 무기
closeness 친밀, 접근
share 공유하다
history 역사
language 언어
possible 가능한
lifetime 일생

외국인에게 꼭 알려줘야 하는 우리역사 Best 5

1 Korea suffered from Japanese colonial rule.
한국은 일본의 식민통치로 인해 고통을 받았어요.

일본은 한국 식민통치 기간 동안 엄청나게 한국을 착취했어요.	Japan exploited Korea as much as they could during their colonial rule of Korea.
이 기간 중 산업발전은 모두 일본인의 이익을 위한 것이었어요.	Industrial progress in this period was all for the benefit of the Japanese.
한국은 나라 안과 밖에서 일본에 대항하여 싸웠어요.	Korea fought against Japan inside and outside the country.
1945년 2차 세계대전의 종식과 함께 일본으로부터 해방됐어요.	Korea was freed from Japan with the end of World War Two in 1945.

2 Korea was divided into the South and North in 1948.
한국은 1948년에 남과 북으로 분단되었어요.

제2차 세계대전 후에 미국과 소련 군대가 한국에 들어왔어요.	After World War Two, the U.S. and the Soviet Union armies entered Korea.
이 두 국가 간의 냉전이 이 나라를 분단으로 이끌었어요.	The cold war between these two nations led to the separation of the country.
한국전쟁이 1950년에 발발했어요.	The Korean War broke out in 1950.

3 Korea achieved economic development in the 1960s and the 70s.
한국은 1960년대와 1970년대에 경제발전을 이룩했어요.

한국은 1962년에 경제개발 5개년 계획을 시작했어요.	Korea started the five year economic development plan in 1962.

그때부터 한국의 경제성장은 엄청났어요. The economic growth of Korea since then was enormous.

많은 사람들이 이 경제적 성과를 '한강의 기적'으로 여기고 있어요. Many people regard this economic achievement as the "Miracle of Han River."

4 Korea had experienced political turmoil.
한국은 정치적 혼란을 경험했어요.

1960년대부터 1980년대까지 군대가 정치에 관여했어요. The army got involved in politics during the 1960s through the 1980s.

대통령들은 퇴역장성이었는데, 그들은 나라의 정치발전을 지연시켰어요. The presidents were ex-generals, who delayed the political development of the country.

1970년대와 1980년대에는 많은 길거리 시위가 있었어요. There were a lot of street demonstrations during the 1970s and 80s.

5 We hope to see the South and North unify.
우리는 남과 북이 통일되는 것을 보고 싶어요.

'자본주의 대 공산주의'는 국제 상황에서 더 이상 중요하지 않아요. "Capitalism versus Communism" is no longer important on the international scene.

남한과 북한은 같은 역사적 배경과 전통, 언어를 공유하고 있어요. South and North Korea share the same historical background, traditions and language.

정치 체계의 차이에도 불구하고 양측의 국민들은 통일을 원해요. Despite political differences, the people of both sides desire unification.

😮 손쉽게 꺼내 쓰는 활용 만점 패턴

1

It was not until 1945 that Korea was freed from Japanese rule. 1945년이 되어서야 한국은 일본의 지배에서 벗어났어요.

어떤 사건이 일어난 시점을 강조해서 얘기할 때 쓸 수 있는 It ... that ...구문이다.

It wasn't until 1948 that Korea established its own government.
1948년이 되어서야 한국은 자신의 정부를 세웠어요.
It was in the 1970s that Korea became a major exporting country.
한국이 주요 수출국가가 된 것은 1970년대의 일이었어요.

2

Do you know what it is? 그것이 무엇인지 아세요?

어떤 얘기를 꺼내기 전에 '~을 아느냐?'고 물으면서 자연스럽게 얘기를 이어갈 수 있다.

Do you know what it is known for? 그것이 무엇으로 유명한지 아세요?
Do you know what kind of tour it is? 그것이 어떤 종류의 관광인지 아세요?
Do you know what that means? 그것이 무엇을 의미하는지 아세요?

3

It's the place where the South and North meet.
그곳은 남과 북이 만나는 곳이에요.

어떤 장소에서 무슨 일이 있었는지 설명할 때 쓰는 패턴이다.

This is the place where the king received foreign guests.
이곳은 임금이 외국 사신을 접견했던 장소예요.
It is where many international events are held. 그곳은 많은 국제행사가 열리는 곳이에요.

4

I agree with you.
당신 말에 동의해요.

상대방의 말에 대해 동의하거나 동의하지 않을 때 쓰이는 표현을 알아두자.

I couldn't agree with you more. 전적으로 동의해요.
That's the way I see it, too. 저 역시 그 문제를 그렇게 봐요.
I'm sorry, but I can't agree with you. 미안하지만, 당신에게 동의할 수 없어요.

경제개발 5개년 계획

한국의 급속한 경제발전은 경제개발 5개년 계획으로 가능했어요. 제1차 계획은 1962년에 시작되었지요.

한국은 천연자원이 거의 없었기 때문에 수출에 중점을 두었어요. 원자재를 수입해서 완성품을 수출했어요. 이 계획이 진행되면서 주력 분야도 경공업에서 중공업으로 옮겨갔어요.

1970년대에 한국은 기계류와 전자제품을 수출하기 시작했어요. 광범위한 산업화가 1980년대까지 계속되었어요. 현재 한국은 첨단 전자제품과 승용차를 수출하는 주요 국가의 하나예요.

Five-Year Economic Development Plans

Rapid economic development of Korea was made possible through the 'Five-Year Economic Development Plans.' The first plan started in 1962.

It put emphasis on export because Korea had few natural resources. Raw materials were imported and finished products exported. As the plan moved forward the emphasis also moved from light industry to heavy industry.

In the 1970s Korea began to export machinery and electronic goods. Extensive industrialization continued in the 1980s. Today Korea is one of the major exporting countries of high-tech electronic products and cars.

2. It has been the capital since the Joseon dynasty.

조선왕조 때부터 수도였어요.

외국인들은 우리나라의 옛 왕조를 조선이라는 이름으로 가장 많이 알고 있다. 외국인들이 가장 많이 찾는 서울은 조선왕조의 도읍이기도 했으므로, 서울의 문화 유적을 안내하면서 자연스럽게 조선의 역사에 대해 얘기할 수 있다.

서울은 조선왕조가 세워진 14세기 말부터 (since the late fourteenth century) 수도 (a capital)였다고 말해 주면 외국인들은 서울이 매우 현대화된 도시이면서 동시에 오랜 역사를 가진 도시임을 알고 매우 흥미를 느낀다.

조선왕조는 우리나라의 마지막 군주국이었으며(Joseon was the last monarchy in Korea.), 500년이 넘게 왕국을 유지하다가 제국주의가 조선에까지 밀어닥친 19세기 말경 쇠퇴하기 시작하여 20세기 초에 일본에 강점당했다고 간단히 말해 주사.

조선시대에는 유교문화가 발달하여 그 영향이 우리 사회에 아직까지 많이 남아 있으며, 네 번째 왕이었던 세종대왕이 15세기에 지금 우리가 쓰고 있는 한글을 창제했다는 것도 얘기해 줄만 하다. 또한 훈민정음과 조선왕조실록, 승정원일기는 유네스코에 의해 세계기록유산(Memory of the World)으로 지정되었다고도 소개해 주자.

🗨 Dialogue

It has been the capital since the Joseon dynasty.
조선왕조 때부터 수도였어요.

Steve   I saw an old palace on the way to the hotel.

What can you tell me about it?

Mihyeon   It's Deoksugung.

That's one of the many palaces in Seoul.

Seoul has been the capital since the Joseon dynasty.

Steve   When was the dynasty founded?

Mihyeon   In the late fourteenth century.

It was the last monarchy in Korea.

Steve   Could you tell me the main points of Joseon?

Mihyeon   Confucian culture was highly developed.

Its influence still persists in Korean society.

The Korean alphabet was created in this period, too.

Steve   Who invented the Korean alphabet?

Mihyeon   King Sejong, the fourth king of the monarchy.

스티브	호텔로 오는 길에 고궁 하나를 봤어요.
	그것에 대해 무슨 얘기 해줄 수 있어요?
미현	덕수궁이에요. 서울에 있는 많은 궁궐 중의 하나죠.
	서울은 조선왕조 때부터 수도였어요.
스티브	그 왕조는 언제 세워졌나요?
미현	14세기 말에요.
	조선은 한국의 마지막 군주국이었어요.
스티브	조선의 특징을 말해 줄 수 있어요?
미현	유교문화가 고도로 발달했어요.
	그 영향이 아직도 한국사회에 지속되고 있어요.
	한글의 자모(한글)도 이 시기에 창제되었고요.
스티브	누가 한글을 발명했나요?
미현	조선왕조의 네 번째 왕인 세종대왕이요.

capital 수도
since ~ 이후로
dynasty 왕조
found 설립하다
monarchy 군주국
Confucian 유교의
highly 고도로
develop 발전하다
influence 영향
persist 지속하다
society 사회
alphabet 자모
create 창제하다
invent 발명하다

🌀 외국인에게 꼭 알려줘야 하는 우리역사 **Best 5**

1   Seoul has been the capital since olden times.
서울은 오랜 옛날부터 수도였어요.

14세기 말부터 600년 이상 동안 수도였어요.	It has been the capital for over 600 years since the late fourteenth century.
많은 사람들이 서울이 기원전 1세기부터 5세기까지 백제왕국의 수도였다고 주장하고 있어요.	Many people argue that Seoul was the capital of the Baekje kingdom from the 1st century BC to the 5th century AD.

2   Joseon survived many invasions.
조선은 많은 침략을 이겨냈어요.

일본인들과 만주인들로부터 여러 번 침략을 받았어요.	They were invaded many times by the Japanese and Manchus.
특히 16세기의 가장 파괴적이었던 일본의 침략은 위대한 해군의 승리로 물리칠 수 있었어요.	They defeated the most destructive invasion by Japan in the 16th century with a great naval victory.
이순신 장군은 그 전쟁에서 세계 최초의 철갑선을 사용했어요.	Admiral Yi Sun-sin used the world's first iron ship in that war.

3   The Korean alphabet is a scientific writing system. 한글은 과학적인 문자체계예요.

각 글자는 하나의 소리를 나타내요.	Each letter represents a sound.
한국어의 자음은 발음할 때 발성기관의 모습에서 나온 것이에요.	Korean consonants came from the shape of speech organs when pronounced.
한국어의 모음은 하늘, 땅, 사람을 나타내는 기호로부터 나왔어요.	Korean vowels came from the signs that represent heaven, earth and humankind.

4 Confucianism was the state religion.

유교가 국교였어요.

조선왕국을 세운 사람들은 유교적 원칙에 기초하여 질서 정연한 사회를 세우려 했어요.

The founding members of the Joseon kingdom wanted to build a well-ordered society based on the Confucian principles.

왕에 대한 충성, 연장자와 조상에 대한 존경이 매우 중요했어요.

Loyalty to the king and respect for one's elders and ancestors were all important.

가족 구성원들의 강한 유대관계가 모든 인간관계의 기본 요소였어요.

A strong relationship among family members was the basic element of all human relations.

이러한 사회적 사상은 시간이 지나며 경직되었고, 때로는 사회적 갈등의 원인이 되었어요.

These social ideas became rigid over time and sometimes became a source of social conflicts.

5 Confucian influences still persist in Korean society.

유교의 영향이 아직 한국 사회에 지속되고 있어요.

가장 긍정적인 영향은 배움에 대한 열정이라고 생각해요.

I think the most positive influence is the enthusiasm for learning.

부모에 대한 헌신, 노인에 대한 공경은 유교의 중요한 가르침이에요.

Devotion to one's parents and respect for the old are important teachings in Confucianism.

대부분의 한국인들은 여전히 조상에 대한 제사를 지내요.

Most Koreans still practice ceremonial rites for their ancestors.

🌸 손쉽게 꺼내 쓰는 활용 만점 패턴

1 It has been the capital since the Joseon dynasty.
그곳은 조선왕조 때부터 도읍이었어요.

역사적으로 언제부터라고 말할 때 since를 사용한다. since 뒤에는 단어가 오기도 하고 문장이 오기도 한다.

The royal shrine has been preserved in its original form since the 16th century. 종묘는 16세기부터 원래 모습을 그대로 보존해 왔어요.

Samulnori has become famous since it was first performed in 1978.
사물놀이는 1978년 처음 공연된 이래로 유명해졌어요.

2 The dynasty came to an end in 1910. 그 왕조는 1910년에 막을 내렸어요.

역사적으로 왕조의 흥망성쇠를 얘기하면서 각 왕조가 언제 멸망했는지 말할 때 쓸 수 있는 표현이다.

The dynasty ended when Japanese imperialism expanded to the Korean peninsula. 그 왕조는 일본의 제국주의가 한반도로 확장됨에 따라 종말을 맞았어요.

It fell into the hands of Japan in 1910. 1910년에 일본의 손에 넘어갔어요.

Gaya ceased to exist in the 6th century. 가야는 6세기에 멸망했어요.

3 The Korean alphabet was invented by King Sejong.
한글은 세종대왕에 의해 창제되었어요.

과거에 창안된 문자나 발명품 등을 소개할 때 쓸 수 있는 표현이다.

Hangeul was created by King Sejong. 한글은 세종대왕에 의해 창조되었어요.

It was devised by a group of scholars. 일단의 학자들에 의해 고안되었어요.

The world's first movable metal type was introduced in the Goryeo dynasty. 세계 최초의 금속활자는 고려왕조 때에 도입되었어요.

4 It's easy to learn how to read and speak Korean.
한국어를 읽고 말하는 것은 배우기 쉬워요.

주어가 긴 경우 가주어 It을 사용해서 It ...to ... 구문으로 말한다.

It's difficult to learn honorific speech. 존댓말을 배우는 것은 어려워요.

It takes a lot of practice to learn to write. 쓰기를 배우는 것은 많은 연습이 필요해요.

나도 우리나라 홍보대사

한글

한글은 조선왕조 초기에 세종대왕에 의해 창안되었어요.

한국어는 음성언어입니다. 각 글자는 하나의 소리를 나타내요. 한글에는 기본적으로 11개의 모음과 14개의 자음이 있어요.

한글은 과학적이고 효과적인 쓰기 체계라고 인정받고 있어요. 한글의 각 글자는 그 글자가 발음될 때의 발음기관의 모양에서 나왔기 때문에 거의 모든 종류의 소리를 적을 수 있어요.

한글은 읽고 말하는 것을 배우기가 쉬워요. 대부분 한국 사람들은 한글이 만들어지기 전에는 그들의 생각을 글로 써서 표현할 수가 없었어요. 높은 계층의 사람들만이 그들의 생각을 한자로 표현할 수 있었어요.

Korean Alphabet: *Hangeul*

Hangeul was invented by King Sejong at the beginning of the Joseon dynasty.

Korean is a phonetic language. Each letter in *Hangeul* represents a sound. There are basically 11 vowels and 14 consonants.

Hangeul is acknowledged as a scientific and efficient writing system. It can write out almost all kinds of sounds because each letter came from the shape of speech organs when pronounced.

It is easy to learn to read and speak Korean. Before *Hangeul* was made, most Korean people could not express their thoughts in writing. Only the high class people could express their ideas with Chinese characters.

3. The name "Korea" came from Goryeo.
'코리아'라는 이름은 고려에서 왔어요.

우리나라의 영문 명칭인 Korea는 고려왕조에서 비롯된 이름이다. 고려왕조는 세계적으로 유명한 고려청자와 금속활자를 만들어냈으므로 외국인에게 이러한 우리 문화유산을 소개하면서 자연스럽게 우리의 역사를 이야기할 수 있다.

고려청자는 그 명성이 지금까지도 이어지고 있으며(The reputation of Goryeo celadon still continues today.), 도자기 수집가에게는 최고의 명작으로 알려져 있다. 한편 고려 시대의 금속인쇄술은 세계 최초의 것이며, 금속활자본 중 가장 오래된 직지심경은 유네스코에 의해 세계기록유산으로 지정되었다. 인쇄술의 발달은 한 나라의 문화수준을 가늠하는 척도이기 때문에 자랑스럽게 소개해도 된다. 특히 목판에 새겨진 팔만대장경(Tripitaka Koreana)은 그 규모가 엄청나고 예술적 가치도 인정받아 유네스코에 의해 세계문화유산으로 지정되었다.

외국인에게 팔만대장경을 소개하면서 고려의 항몽역사도 함께 얘기해 보고, 우리나라가

주변국으로부터 끊임없는 침략을 받았지만 이를 물리치고 독립국가로 존속해 왔음을 알려주자. 그리고 고려가 우리나라 역사상 가장 강국이었던 고구려의 후손임을 강조하기 위해 왕조의 명칭도 고려라고 했다는 사실을 말해 주자.

🍮 Dialogue

The name "Korea" came from Goryeo.
'코리아'라는 이름은 고려에서 왔어요.

Steve   Look! This pottery is really wonderful.

Mihyeon   It's Goryeo celadon.

Steve   How old is it?

Mihyeon   It's almost a thousand years old.

Steve   It's amazing that it still has vivid color.

Mihyeon   That's why it's regarded as the best in the world.

Steve   Goryeo potters must have been great artisans.

Mihyeon   I agree with you.

       By the way, do you know Goryeo produced the oldest book printed with metal type in the world?

Steve   Really?

Mihyeon   Yes. UNESCO designated it as the "Memory of the World."

Steve   You must be very proud of your ancestors.

Mihyeon   Yes. The name "Korea" came from this dynasty.

스티브	보세요! 이 도자기는 정말 멋지네요.
미현	그것은 고려청자예요.
스티브	얼마나 오래됐죠?
미현	거의 천 년 된 거예요.
스티브	아직 선명한 색깔을 갖고 있는 게 놀랍네요.
미현	그것이 바로 이 자기가 세계 최고로 여겨지는 까닭이에요.
스티브	고려 도공들은 위대한 장인이었음에 틀림이 없네요.
미현	저도 동의해요. 그런데, 고려가 금속활자로 인쇄한 세계에서 가장 오래된 책을 만들어낸 사실을 알고 있어요?
스티브	정말이에요?
미현	네. 유네스코는 그 책을 세계기록유산으로 지정했어요.
스티브	당신은 조상이 정말 자랑스럽겠네요.
미현	네. '코리아'라는 이름은 이 왕조에서 온 거예요.

pottery 도자기
wonderful 훌륭한, 멋진
celadon 청자
amazing 놀라운
vivid 선명한
regard 간주하다
potter 도공
artisan 장인
produce 생산하다
print 인쇄하다
metal type 금속활자
memory 기억
proud 자랑스러운

1 The Goryeo dynasty was from 918 to 1392.
고려왕조는 918년부터 1392년까지였어요.

이 왕국은 거의 500년 동안 지속됐어요.	The kingdom continued for almost 500 years.
고려왕국의 수도는 북한에 있는 개성이었어요.	The capital of the Goryeo kingdom was Gaeseong in North Korea.
북쪽의 영토를 회복하는 것이 그 왕조의 최우선 정책이었어요.	Recovering the land in the north was the top priority.

2 Some people say that Goryeo was the first unified nation in Korea.
일부 사람들은 고려가 한국에서 최초의 통일국가였다고 말해요.

고려는 북쪽으로부터 옛 고구려 사람들을 받아들였어요.	Goryeo received the former Goguryeo people from the north.
고려는 북쪽 고구려 땅의 일부를 되찾았어요.	Goryeo recovered some Goguryeo land in the north.
고려는 강력한 융화정책을 펼쳐 나갔어요.	Goryeo developed a strong reconciliation policy.

3 Goryeo celadon is most favored by pottery collectors.
고려청자는 도자기 수집가들에 의해 가장 선호되고 있어요.

천 년 가량 지났음에도 불구하고 아직 선명한 색을 그대로 유지하고 있어요.	It still retains vivid color though it's almost 1,000 years old.

현대 공예가들이 원래의 모습대로 다시 만들려고 무척 노력해 왔어요.

Modern artisans have tried hard to reproduce it in its original form.

그러나 아직 성공하지 못했어요.

But they haven't been successful yet.

4 They developed the world's first movable metal type. 그들은 세계 최초의 금속활자를 개발했어요.

그것은 불교에 대한 깊은 신앙심으로 가능했어요.

It was possible with a deep belief in Buddhism.

불교의 가르침을 많은 책으로 발간하고 싶어했어요.

They wanted to publish many copies of Buddhist teachings.

그들은 또한 부처님의 은덕으로 외국의 침략을 물리치려고 했어요.

They also hoped to repel foreign invasions through the mercy of Buddha.

8천 개가 넘는 목판 위에 전체 불경을 새겨 넣었어요.

They carved the entire Buddhist scriptures onto over 8,000 wooden blocks.

5 The oldest metal type book is in the National Library of France. 가장 오래된 금속활자본은 프랑스 국립도서관에 있어요.

프랑스의 대리공사가 1887년에 자기 나라로 가져갔어요.

A French deputy envoy took it to France in 1887.

서울 근처에 있는 한 섬에서 프랑스 군함과 전투를 했어요.

There was a fight with a French ship on an island near Seoul.

한국 정부는 프랑스 정부에게 몇 차례 반환을 요구했지만 성공하지 못했어요.

The Korean government has asked the French government to return it several times, but without success.

손쉽게 꺼내 쓰는 활용 만점 패턴

1
The Goryeo dynasty was from the 10th century to the 14th century. 고려왕조는 10세기에서 14세기까지였어요.

기간의 시작과 끝을 함께 말할 때는 from ... to ... 또는 from ... until ... 구문을 사용한다.

The three kingdoms existed on the peninsula from the 1st century BC to the 7th century AD. 삼국은 기원전 1세기부터 서기 7세기까지 한반도에 존재했어요.
The restaurant is open from 6 pm until after midnight.
그 식당은 오후 6시부터 자정 넘어까지 영업을 해요.

2
The name "Korea" came from the Goryeo kingdom.
'코리아'라는 이름은 고려왕국에서 왔어요.

어떤 단어의 어원을 밝히고자 할 때 쓰는 표현을 익혀두자.

The name "kimuchi", a Japanese food, came from Korean *kimchi*.
일본 음식인 '기무치'의 이름은 한국 '김치'에서 나온 거예요.
Many Korean words are derived from Chinese words.
많은 한국어 단어들이 중국어 단어에서 왔어요.

3
Goryeo potters must have been great artisans.
고려 도공들은 위대한 장인들이었음에 틀림없어요.

자신의 의견을 강조하면서 '~임에 틀림이 없어요'라고 말하려면 must를 사용해 보자. 현재는 「must + 동사원형」, 과거는 「must have + p.p. (과거분사)」의 구문을 쓰는 데 유의하자.

Silla masons must have been great artisans. 신라 석공들은 위대한 장인들이었음에 틀림없어요.
You must be proud of your country. 당신은 당신 나라가 자랑스럽겠군요.

4
By the way, do you know Goryeo produced the oldest metal type book? 그런데, 고려가 가장 오래된 금속활자본을 만들었다는 것을 알아요?

대화 중인 내용과 직접적인 연관이 없는 다른 주제로 옮겨갈 때 쓰는 표현들을 알아두자.

Speaking of Gyeongju, have you been there?
경주에 대해 말하다 보니 생각이 났는데요, 그곳에 가본 적 있어요?
Not to change the subject, but have you heard of this?
주제를 바꾸고자 하는 것은 아니지만, 이 얘기 들어본 적 있어요?

고려청자

고려청자는 한국 예술에서 가장 중요한 업적 중의 하나로 간주되고 있어요.

고려청자는 수세기 동안 예술과 도자기를 사랑하는 사람들 사이에서 국제적 명성을 얻어왔어요. 고려청자는 꽃병, 병, 향로, 단지, 그릇으로 만들어졌어요.

당시의 중국인들은 고려청자를 독특한 색과 모양을 지닌 자기 중의 최고 걸작으로 격찬했어요.

상감청자라 불리는 무늬를 새긴 엷은 청록색의 자기는 특히 높은 평가를 받고 있어요.

고려청자의 색깔은 너무 선명하여 아직도 고려 장인들의 손길을 느낄 수가 있어요.

Goryeo Celadon

Goryeo celadon is considered one of the most significant achievements in Korean art.

It has enjoyed an international reputation among art and pottery lovers for many centuries. It was made into vases, jars, incense burners, pots and bowls.

The contemporary Chinese praised it as being the best of its kind, with unique color and shape.

The inlaid pale green pottery, called *Sanggam Cheongja*, is especially appreciated.

The color of the celadon is so vivid that we can still feel the touch of the Goryeo artisans.

4. It was built during the unified Silla period.
통일신라시대에 지어졌어요.

통일신라가 갖는 가장 큰 역사적 의미는 한반도에 존재했던 세 왕국을 하나로 통일했다는 것이다. 물론 이 통일은 고구려 영토의 많은 부분을 잃게 된 불완전한 통일이긴 했지만, 통일신라 이후 우리나라는 약 1,300년 동안 단일국가로 존재해 왔다(Korea remained as one nation since the unified Silla).

이렇게 우리나라가 유구한 기간 동안 하나의 나라로 존립해 왔다는 사실은 외국인들에게 큰 관심거리다. 통일신라의 역사적 의미를 얘기해 주면서 현재 우리의 국토분단은 20세기 이념 대립의 산물일 뿐, 가까운 미래에 곧 통일에 이를 것이라고 말해 보자.

한편 통일신라는 외국인들이 한국에 오면 꼭 한 번 들러보고 싶어히는 경주를 도읍으로 발전한 왕조다. 신라는 삼국통일 후 200년이 넘게 평화와 번영을 누리며 불교문화를 꽃피웠고 많은 문화예술품과 유적을 남겼다. 경주는 '담장 없는 박물관(A Museum Without Walls)'이라고 불릴 만큼 도시 전체에 고분과 궁궐터, 절, 탑, 조각품, 기타 역사적 유물이 산재해 있어 유네스코는 경주를 세계문화유산 목록에 포함시켰다.

 **Dialogue**

It was built during the unified Silla period.
통일신라시대에 지어졌어요.

Steve This temple is really beautiful.

Mihyeon It sure is.

Steve When was it built?

Mihyeon In the middle of the 8th century.

It was built during the unified Silla period.

Steve What do you mean by the "unified" Silla?

Mihyeon Silla "unified" the three ancient kingdoms on the peninsula.

Korea remained as one nation since then.

Steve How long was Korea one nation?

Mihyeon For about 1,300 years.

Steve I didn't know that.

Your country has such a long history as a unified nation.

Mihyeon That's right.

We really hope that the South and North unite again soon.

Steve I hope so, too.

스티브	이 절은 정말 아름답네요.
미현	정말 그렇죠.
스티브	언제 지어졌어요?
미현	8세기 중엽예요.
	통일신라시대에 지어진 거예요.
스티브	'통일된' 신라라는 게 무엇을 의미하죠?
미현	신라는 한반도에 있던 고대 세 왕국을 '통일'했어요.
	그 이후로 한국은 단일국가로 존재해 왔어요.
스티브	한국은 얼마나 오랫동안 하나의 국가였죠?
미현	약 1,300년 동안요.
스티브	그 사실을 몰랐네요.
	당신 나라는 통일된 국가로서 상당히 긴 역사를 갖고 있군요.
미현	맞아요. 우리는 남과 북이 곧 다시 합쳐지기를 정말 원하고 있어요.
스티브	저도 그렇게 희망해요.

build built(짓다)의 과거(분사)
unified 통일된
period 시기
middle 중간
ancient 고대의
kingdom 왕국
peninsula 반도
remain 남아 있다
such 그렇게
unite 합하다

🐍 외국인에게 꼭 알려줘야 하는 우리역사 Best 5

1 Most people regard the unified Silla as the first unified nation in Korea.

대부분의 사람들이 통일신라를 한국 최초의 통일국가로 보고 있어요.

통일신라는 7세기에 한반도에 있던 세 개의 왕국을 통합했어요.	It unified the three kingdoms on the Korean peninsula in the 7th century.
고대 삼국의 서로 다른 문화가 섞여서 하나가 됐어요.	Different cultures of the ancient three kingdoms were blended into one.
사람들은 평화와 번영을 누렸죠.	People enjoyed peace and prosperity.

2 Buddhism flourished in this period.

불교가 이 시기에 번창했어요.

불교는 새로 통일된 왕국의 기초였어요.	Buddhism was the foundation for the new unified kingdom.
지배계급이 사원 건축이나 불상 조성에 앞장섰어요.	The ruling class took a lead in establishing Buddhist temples and statues.
한국에서 가장 유명한 사찰인 불국사는 이 시기에 지어졌어요.	Bulguksa, the most famous temple in Korea, was built in this period.

3 Silla is a 1,000 year old kingdom.

신라는 1,000년이나 지속된 왕국이에요.

신라는 기원전 57년에서 서기 935년까지 거의 천 년 동안 존재했어요.	It existed from 57 BC to 935 AD, for nearly a thousand years.
통일 기간은 신라왕국 기간 중 약 260년간 지속되었어요.	The unification period lasted for about 260 years during the Silla kingdom.

그것이 경주가 천 년의 고도라고 알려지게 된 이유입니다.

That's why the city of Gyeongju is known as the "city of a thousand years."

4 However, it was not a complete unification.
그러나 그것은 완전한 통일이 아니었어요.

고구려가 갖고 있던 북쪽의 땅을 잃었어요.

It lost the land that Goguryeo had in the north.

고구려 유민들이 그곳에서 발해라는 새 왕국을 세웠어요.

The former Goguryeo people established a new kingdom there called "Balhae."

그래서 일부 사람들은 이 시기를 통일시대로 부르지 않고 남북국 시대라고 불러요.

Therefore some people call this period not as a unification period but as the Southern and Northern Kingdoms period.

5 A former Goguryeo general founded Balhae in 698.
고구려의 장군이었던 사람이 698년에 발해를 세웠어요.

그는 발해가 고구려왕국을 계승했다고 공표했어요.

He announced that Balhae succeeded the Goguryeo kingdom.

발해는 신라가 고구려를 멸망시켰기 때문에 비우호적이었어요.

Balhae was unfriendly because Silla destroyed Goguryeo.

발해의 영토는 통일신라보다 훨씬 넓었어요.

Its territory was far greater than that of Silla.

발해가 926년에 거란족에게 멸망한 후, 우리는 발해의 역사를 잊어왔어요.

After Balhae fell to the Khitans in 926, we've forgotten its history.

🎙 손쉽게 꺼내 쓰는 활용 만점 패턴

1 The temple was built in the 8th century. 그 절은 8세기에 지어졌어요.

건축 시기를 말할 때 build/construct(짓다)/complete(완공하다)란 단어를 수동태로 사용한다.

The Cathedral was built in 1898. 그 성당은 1898년에 지어졌어요.
The camp was constructed during the Korean war.
그 수용소는 한국전쟁 때 건설되었어요.
The bridge was completed in 1973. 그 다리는 1973년에 완공되었어요.

2 Buddhist art was in full blossom. 불교예술이 활짝 피었어요.

예술이나 종교, 문화가 번창했다고 말할 때 쓸 수 있는 표현들이다.

Buddhist culture was fully developed. 불교문화가 아주 발달하였어요.
Art and religion flourished. 예술과 종교가 번창했어요.
It was the golden age of Buddhist art. 불교예술의 황금기였어요.

3 In some ways, the unification was not complete.
어떤 점에서 그 통일은 완전하지 않았어요.

역사적 관점을 소개할 때 '어떤 측면에서 보면 ~'이라는 표현을 쓸 수 있다.

In a broad sense, this period can be called as the Southern and Northern
Kingdoms period. 넓은 의미에서는 이 시기를 남북국시대라고 말할 수 있어요.
In some senses, Goryeo was the first unified nation in Korea.
어떤 의미에서 볼 때, 고려가 한국 최초의 통일국가였어요.

4 This is why the city is often called "A Museum Without
Walls." 이것이 그 도시가 흔히 '담장 없는 박물관'이리고 불리는 이유예요.

이미 설명한 내용을 근거로 어떤 사실을 강조할 때 This is why ... / That's why ... 구문을 사용하면 유용하다.

This is why the pagoda has another name "The Pagoda of No Shadow."
이것이 그 탑이 무영탑이라는 또 다른 이름을 갖게 된 이유예요.
That's why there are many historical places in Seoul.
그것이 서울에 역사적 장소가 많이 있는 까닭이에요.

경주: 세계문화유산

유네스코는 경주를 세계 10대 역사유산의 하나로 지정했으며, 2000년에 세계문화유산 목록에 추가했어요.

세계문화유산위원회는 지정 배경을 설명하면서 경주가 거의 천 년간 지속된 신라 왕국의 수도였음을 특히 강조했어요.

경주와 경주 주변에는 역사적 중요성을 갖는 많은 유적들이 흩어져 있어요. 예를 들어 신라인들에 의해 영산으로 여겨졌던 남산에만 해도 146개의 절터가 확인되었어요. 이것이 바로 경주가 종종 '담장 없는 박물관'으로 불리는 이유지요.

Gyeongju: World Heritage

UNESCO designated Gyeongju as one of the world's ten greatest historic treasures, and added it to the World Heritage List in 2000.

Explaining the background for designation, the World Heritage Committee emphasized that Gyeongju was the capital city of the Silla kingdom that lasted nearly a thousand years.

Many remains of historical significance are scattered in and around the Gyeongju area. For example, a hundred and forty six temple sites were identified on a single mountain called Namsan, which was regarded as a holy mountain by the Silla people. This is why the city is often called "A Museum Without Walls."

5. Baekje passed its culture onto Japan.
백제는 일본에 문화를 전수했어요.

외국인들은 박물관에 전시된 유물을 보며 역사적인 배경을 듣고 싶어한다. 어느 시대의 유물인지, 그 유물이 만들어졌던 시대의 특징은 어떠했는지에 대해 알고 싶어한다. 외국인이 삼국시대의 유물을 보고 관심을 보이면 "참 훌륭하죠?"라고 말을 꺼낸 후 그 시대에 대해 얘기해 보자.

이를 위해 고구려의 경우에는 어떤 설명을 해야 할지, 백제와 신라에 대해서는 무엇을 말해야 할지 간단하게라도 준비해 놓는 게 좋겠다. 예를 들어 고구려 벽화에 나타난 고구려인들의 삶(The lifestyle of Goguryeo people represented on the wall paintings)과 백제의 불상에 나타난 백제인의 특징, 신라의 신분제도인 골품제도는 좋은 대화 주제가 될 것이다.

삼국시대는 우리나라가 동북아의 주체적인 국가로 자리매김하는 데 있어 중요한 시기였다. 고구려는 매우 강성한 국가로 중국 동북부 지방까지 영토를 확장했으며(Goguryeo expanded its territory to the northeastern part of China.), 백제는 중국과 광범위하게 교역하고 고대 일본문화의 성립에 큰 영향을 미쳤다. 또한 신라는 국가로서의 발전이 고구려나 백제보다 늦었지만 힘을 키워 최초의 통일국가를 한반도에 세웠다.

Baekje passed its culture onto Japan.
백제는 일본에 문화를 전수했어요.

Steve   Look at that Buddha figure!

It looks like he's meditating on something.

Mihyeon   It's really outstanding, isn't it?

Steve   It sure is.

Mihyeon   It's from the Baekje kingdom.

Baekje was one of the three ancient kingdoms in Korea.

It passed its culture onto Japan.

Steve   What were the other two kingdoms?

Mihyeon   They were Silla and Goguryeo.

Steve   I'm familiar with the name Silla.

Mihyeon   I know. Its capital was Gyeongju.

It unified the three kingdoms.

Steve   How about the other kingdom?

Mihyeon   Goguryeo was a strong nation.

It expanded its territory far north into Manchuria.

스티브	저 불상을 보세요!
	무언가 명상하고 있는 것처럼 보여요.
미현	정말 훌륭하죠, 그렇죠?
스티브	네, 정말 그래요.
미현	그 불상은 백제왕국 때 거예요.
	백제는 한국에 있던 고대 삼국 중의 하나예요.
	백제는 일본에 문화를 전수했어요.
스티브	또 다른 두 왕국은 뭐예요?
미현	신라와 고구려예요.
스티브	신라라는 이름이 익숙해요.
미현	알아요. 도읍이 경주였어요. 신라는 세 왕국을 통일했죠.
스티브	또 다른 왕국은요?
미현	고구려는 강성한 나라였어요.
	고구려는 훨씬 북쪽인 만주까지 영토를 넓혔어요.

pass 건네주다, 전하다
culture 문화
figure 상(像)
meditate 명상하다
outstanding 뛰어난, 걸출한
familar 친숙한
expand 확대하다
territory 영토
far 훨씬
Manchuria 만주

1 The Three Kingdoms period began in the first century BC.
삼국시대는 기원전 1세기에 시작되었어요.

삼국은 서기 7세기까지 한반도에 있었어요.
The Three Kingdoms existed on the Korean peninsula until the 7th century AD.

그들은 신라가 삼국을 통일할 때까지 영토를 확장하며 서로 다투었어요.
They fought each other expanding their territories until Silla unified them.

그들 중에 고구려왕국이 가장 강성했어요.
Among them, the Goguryeo kingdom was the strongest.

2 Goguryeo was in northern Korea.
고구려는 한국의 북쪽에 있었어요.

그들은 사냥과 무예를 숭상했어요.
They valued hunting and martial arts.

고구려는 5세기에 동북아시아에서 가장 강력한 국가였어요.
It was the strongest nation in northeastern Asia in the fifth century.

당시에는 중국의 북동쪽이 고구려의 땅이었어요.
The northeastern part of China belonged to Goguryeo at that time.

3 Baekje was located in the southwest of Korea.
백제는 한국의 남서쪽에 위치하고 있었어요.

그들은 해상무역을 통해 일본 및 중국과 광범위하게 접촉했어요.
They had extensive contacts with Japan and China through sea trade.

백제는 우아하고 세련된 문화유산을 많이 남겼어요.
Baekje left many elegant and delicate cultural heritages.

백제의 많은 유물을 부여국립박물관과 공주국립박물관에서 볼 수 있어요.
You can see many of them in the Buyeo and Gongju National Museums.

4 Silla was in the southeastern part of Korea.
신라는 한국의 남동쪽에 있었어요.

신라는 삼국 중에 가장 늦게 왕국으로 발전했어요.
Silla was the last of the three kingdoms developed.

그들은 영토 확장을 통해 점차 힘을 키워나갔어요.
They gradually increased their power by expanding their territories.

결국 신라가 676년에 삼국을 통일했어요.
Finally Silla unified the three kingdoms in 676.

5 Silla had a very strict class system called "bone rank system."
신라는 '골품제'라고 불리는 매우 엄격한 신분제도를 갖고 있었어요.

신라 사람들은 강한 계급사회에 살았어요.
Silla people lived in a strong class society.

그들의 신분은 출생에 의해 결정되었어요.
Their status was determined by birth.

성골이나 진골 출신의 자손만이 왕이 될 수 있었어요.
Only the offspring from the "holy bone" and "true bone" classes could become kings.

🌀 손쉽게 꺼내 쓰는 활용 만점 패턴

1
Look at that Buddha image with his legs half-crossed.
반가부좌를 하고 있는 저 불상을 보세요.

사람이나 사물의 형상을 묘사할 때 with를 사용하여 표현할 수 있다.

Look at those Buddha images with their smiling faces.
얼굴에 웃음을 띠고 있는 저 불상들을 보세요.

Look at that image with his legs crossed. 가부좌를 하고 있는 저 상을 보세요.

2
They existed on the peninsula until Silla unified them.
그 나라들은 신라가 통일할 때까지 한반도에 있었어요.

역사적 사실을 말할 때 어떤 왕국이 '언제까지' 존재했다는 표현을 자주 한다. '~까지'라는 뜻의 until은 뒤에 단어가 오기도 하고 문장이 오기도 한다.

The Silla kingdom continued to exist until 935.
신라왕국은 935년까지 계속해서 존재했어요.

She was told to wait until the pagoda cast a reflection on the pond.
그녀는 탑이 연못 위에 그림자를 비출 때까지 기다리라는 말을 들었어요.

3
Japan's ancient culture was influenced by the Baekje kingdom. 일본의 고대문화는 백제왕국에 의해 영향을 받았어요.

서로 영향을 주고받았다는 말을 할 때 영향을 주었을 경우에는 능동태, 받았을 경우에는 수동태를 쓴다.

Confucianism has influenced **Korean society a lot.**
유교는 한국 사회에 많은 영향을 미쳤어요.

It still has an influence on **our lives today.** 아직도 오늘날 우리 삶에 영향을 미쳐요.

4
Silla was not as strong as Goguryeo. 신라는 고구려만큼 강성하지 않았어요.

둘을 동등하게 놓고 서로 비교하여 말할 때는 as ... as 구문을 쓴다.

The territory of Balhae was more than twice as large as **the present Korean peninsula.** 발해의 영토는 지금의 한반도보다 2배 이상 넓었어요.

Goguryeo was as strong as **Sui China in the early 7th century.**
고구려는 7세기 초반에 중국의 수나라만큼 강성했어요.

태권도

태권도는 한국의 전통 무술이에요. 이것은 삼국시대에 군사들의 전투 기술을 향상시키기 위한 수단으로서 개발되었어요.

고구려의 벽화가 그 증거를 보여주고 있어요. 신라왕국에서는 태권도가 삼국통일의 원동력이 되었던 화랑도의 기초 군사 과목이었어요.

이 전통은 한국 역사 속에서 계속되었어요. 고려시대와 조선시대에 한국 사람들이 이것을 민속놀이로 즐겼다는 것을 많은 기록을 통해 알 수 있어요.

태권도는 20세기 후반에 세계적인 스포츠로서 인기를 얻었으며, 마침내 2000년 시드니 올림픽에서 공식 종목이 되었지요.

Taekwondo

Taekwondo is Korea's traditional martial art. It was developed as a means of increasing the fighting skill of its warriors during the Three Kingdoms period.

A wall painting of the Goguryeo kingdom shows its evidence. In the Silla kingdom, it was the basic military art for *Hwarang* Corps which was the driving force of the unification of the three kingdoms.

This tradition has continued throughout Korean history. Many records show that Korean people enjoyed it as a folk game during the Goryeo and Joseon dynasties.

It has gained popularity as a world sport in the late twentieth century and finally became an official event in the 2000 Sydney Olympic Games.

6. Today is the foundation day of Korea.
오늘이 한국이 건국된 날이에요.(국경일)

일상생활에서 외국인과 우리나라의 역사에 대해 얘기할 기회가 종종 있다. 국경일은 우리나라의 역사를 소개할 수 있는 좋은 기회이다. 국경일은 우리의 역사와 민족의 혼이 담겨 있는 날이기 때문이다. "오늘이 무슨 날인지 아세요?" 또는 "왜 오늘을 국경일로 경축하는지 아세요?(Do you know why we celebrate today  as a national holiday?)"라고 말을 꺼낸 후 우리 역사에 대해 얘기해 보자.

개천절은 우리나라 역사가 시작된 날을 기리는 날이다. 우리가 반만 년의 유구한 역사를 갖고 있으며, 단군신화를 통해 민족공동체 의식을 함양해 가고 있다고 얘기해 보자. 단군신화의 줄거리와 단군신화에 나타난 홍익인간의 이상은 좋은 대화 주제가 될 수 있다. 홍익인간의 이상은 인류의 보편적 사랑을 그 핵심 개념으로 하고 있으며, 한국인들은 이 이상을 마음속 깊이 간직하고 있다고(We cherish it in our minds.) 말해 보자.

우리나라 국경일 중 삼일절은 우리 역사에서 가장 어두웠던 일제시민통치 기간에 독립선언서(Declaration of Independence)가 발표된 날이며, 모든 국민이 일제에 항거하여 우리의 민족혼을 일깨운 역사적인 날이다. 우리나라와 일본의 관계에 대해 궁금해 하는 외국인들에게 왜 일본이 우리에게 가깝고도 먼 나라인지 설명할 수 있는 한 예가 될 수 있을 것이다. 삼일절 외에도 다른 국경일에 대해 간단히 설명할 수 있도록 준비하자.

🗣 Dialogue

Today is the foundation day of Korea.
오늘이 한국이 건국된 날이에요.

Mihyeon   Hi, Steve.

Do you have any plans for today?

Steve   Well, I don't know.

Maybe, we could go somewhere.

Mihyeon   That's a good idea.

By the way, do you know why we celebrate today?

Steve   Yes. I heard that today is the foundation day of Korea.

Mihyeon   That's right.

We celebrate the first nation in our history.

We like to say that Korea has a long history.

Steve   How long is it?

Mihyeon   About five thousand years.

Steve   Wow! That long? I didn't know that.

Mihyeon   Well, let's talk about where we can go today.

미현   안녕, 스티브.
오늘 무슨 계획 있어요?

스티브   글쎄, 잘 모르겠어요.
어디나 함께 갈까요?

미현   좋은 생각이에요.
그런데, 우리가 왜 오늘을 경축하는지 아세요?

스티브   네. 오늘이 한국이 세워진 날이라고 들었어요.

미현   맞아요.
우리나라 역사상 최초의 국가를 기념하는 것이죠.
우리는 한국이 긴 역사를 가졌다고 말하기를 좋아하죠.

스티브   얼마나 오래됐는데요?

미현   약 5,000년이요.

스티브   와! 그렇게나 길어요? 몰랐네요.

미현   자, 그러면 어디를 갈 수 있는지 얘기해 볼까요?

foundation 건립, 설립, 건국
plan 계획
maybe 아마
somewhere 어딘가에
celebrate 경축하다
nation 국가
thousand 천
wow 와!(감탄사)

🏵 외국인에게 꼭 알려줘야 하는 우리역사 Best 5

1 **Korea has a long history.** 한국은 긴 역사를 갖고 있어요.

한국은 대략 5,000년의 역사를 갖고 있어요.	Korea has roughly a 5,000 year old history.
고조선은 기원전 2333년에 세워졌어요.	Old Joseon was established in 2333 BC.
왕국의 시조에 대한 신화가 있어요.	There is a myth about the founder of the kingdom.

2 **Dangun is the founder of our country.**
단군은 우리나라를 건국한 시조예요.

신화에 의하면 그는 천자의 아들과 한 여인 사이에서 태어났다고 해요.	According to the myth, his parents were the heavenly son and a woman.
단군의 어머니는 원래 곰이었는데, 큰 시련을 이기고 인간이 되었다고 해요.	His mother originally was a bear, but became a woman after a great ordeal.
그녀는 곰 토템 부족의 여인이었던 것으로 생각돼요.	She is thought to have been a woman from a bear totem tribe.
최근 북한은 단군의 왕릉을 발굴했다고 주장하고 있어요.	North Korea has claimed recently that they uncovered the royal tomb of Dangun.

3 **We observe October 3rd as a national holiday.**
우리는 10월 3일을 국경일로 경축해요.

그날은 한국의 건국일이에요.	It is the foundation day of Korea.
우리는 건국신화에 나타난 홍익인간의 이상을 되새겨요.	We remember the ideal of "*Hong-ik Ingan*" represented in the founding myth.

홍익인간은 모든 인류에 대한 사 랑을 의미해요. — The *"Hong-ik Ingan"* means the love for all human beings.

우리는 우리 역사를 배울 때 이 이상을 마음속 깊이 간직하라고 배웠어요. — We're taught to cherish this ideal in our minds when we're learning our history.

4 We also celebrate August 15th as Liberation Day. 우리는 또한 8월 15일을 광복절로 경축해요.

이날은 1945년 일본의 지배로 부터의 해방을 경축해요. — This day celebrates the freedom from Japanese rule in 1945.

한국은 외국에 임시정부를 세우 고 일본에 대항해서 싸웠어요. — Korea established provisional governments in foreign countries and fought against Japan.

정확히 3년 후 같은 날에 대한민 국이 건국되었어요. — The Republic of Korea was established on the same day exactly three years later.

5 July 17th is our Constitution Day. 7월 17일은 우리나라의 헌법제정일(제헌절)이에요.

이 국경일은 1948년의 대한민 국의 헌법을 축하하는 날입니다. — This national holiday observes the Constitution of the Republic in 1948.

민주적인 정치체제가 한국에 처 음 도입된 것이죠. — A democratic political system was first introduced into Korea.

그것은 상징적으로 외국의 통치 종료 후에 한국이 자치권을 갖게 되었다는 것을 의미해요. — It symbolically represents the self-governing of Korea after the end of foreign rule.

🟢 손쉽게 꺼내 쓰는 활용 만점 패턴

1 Korean history goes back to 2333 BC.
한국의 역사는 기원전 2333년으로 거슬러 올라가요.

역사적 사실을 얘기하다 보면 그 기원이 '~까지 거슬러 올라간다'는 말을 자주 하게 된다.

The history of personal ornaments in Korea dates back to ancient times. 한국 장신구의 역사는 고대로 거슬러 올라가요.

The popular use of paper crafts dates as far back as the Three Kingdoms period. 종이 공예품의 보편적 사용은 삼국시대로까지 거슬러 올라가요.

2 The story of *Dangun* originated from a myth.
단군 이야기는 신화에서 나왔어요.

기원이 사람인 경우에는 originate with, 사물일 경우에는 originate in을 쓰고, originate from은 사람과 사물의 경우 모두 쓰인다.

It's from a myth about our founding. 그것은 우리나라의 건국에 대한 신화에서 왔어요.

The architectural style originated in Silla. 그 건축양식은 신라에서 유래했어요.

This custom originated with the ancient Silla people.
이 관습은 고대 신라인들에게서 비롯되었어요.

3 We celebrate the foundation day of Old Joseon.
우리는 고조선의 건국일을 경축합니다.

'경축하다'는 의미로는 보통 celebrate, observe와 같은 동사를 사용하지만, 경건한 마음으로 기리거나 추모할 때에는 commemorate, remember와 같은 동사를 사용할 수 있다.

We celebrate the first day of the year. 우리는 새해 첫날을 경축해요.

We commemorate the founding of our nation with a national holiday.
우리는 우리나라의 건국을 국경일로 기려요.

We remember those who died for our country today.
우리는 오늘 국가를 위해 목숨을 바친 사람들을 기억해요.

4 We cherish the ideal of love for all human-beings.
우리는 홍익인간의 이상을 마음속에 간직하고 있어요.

We hold this belief in our minds. 우리는 이 믿음을 마음속에 지니고 있어요.

We keep this ideal deeply in our minds. 우리는 이 이상을 마음속 깊이 갖고 있어요.

단군신화

한국 사람들은 흔히 자신들을 단군의 후예라고 말해요. 그의 탄생에 대한 신화가 있어요.

오랜 옛날 환웅이 하늘에 살았어요. 그는 천상의 신(天帝)인 아버지에게 진심으로 사람들을 돕고 싶다고 말했어요.

마침내 그는 지상에 내려왔으며, 인간이 되고자 소망했던 곰과 호랑이를 발견했어요. 그는 이들에게 과제를 주었으며, 곰만이 이를 참아내고 성공했어요. 곰은 여인이 되었고 환웅과 결혼했어요. 단군은 이들 사이에서 태어났어요.

삼일절

한국 사람들은 3월 1일을 국경일로 기려요. 1919년 이날 일본의 지배에 항거하여 독립선언서가 공표되었어요.

사람들은 거리에 나와 "대한독립만세"를 외쳤어요. 이 운동은 순식간에 전국으로 퍼졌고 몇 주간 계속되었어요.

이 운동은 잔혹하게 진압되었어요. 그러나 이 운동은 체계적인 대일본 투쟁의 시발점이 되었어요. 그해 4월에 중국에 대한민국임시정부가 수립되었어요.

The Myth of *Dangun*

Koreans often say that they are the descendents of *Dangun*. There is a myth about his birth.

In old days, *Hwan-ung* lived in heaven. He told his father, the God of Heaven, that he really wished to help mankind.

Finally he came to earth and found that there was a bear and a tiger who wished to become human. He gave them a challenge, and only the bear succeeded enduring it. The bear became a woman and married *Hwan-ung*. *Dangun* was born between them.

Independence Movement Day

Koreans observe the first day of March as a national holiday. On this day in 1919, the Declaration of Independence was proclaimed against Japanese rule.

People came out to the streets and shouted *"Daehan dongnip manse"*("long live an independent Korea"). This movement spread swiftly to the whole country and continued for several weeks.

It was brutally repressed. But it became a starting point for systematic fighting against Japan. A provisional Korean government was established in China in April in the same year.

부록

쉽게 찾는
우리문화
영어표현

1. 음식

김치

광물질(미네랄) minerals
칼슘 calcium
칼륨 potassium
철분 iron

김장 preparing *kimchi* in a large amount before winter; making *kimchi* for the winter

김치 pickled vegetables (mainly cabbage, radish and cucumber); fermented vegetables (with traditional Korean seasonings)

Kimchi is one of the most important foods in the Korean diet. 김치는 한국 음식 중에서 가장 중요한 음식 중의 하나이다.

깍두기 sliced radish *kimchi*; cubed radish *kimchi*; diced radish *kimchi*

물김치 water *kimchi*
나박김치 watery sliced radish *kimchi*
동치미 winter watery radish *kimchi*

발효음식 fermented food

Kimchi and soy sauce are Korea's most common fermented foods. 김치와 간장은 한국의 가장 흔한 발효음식이다.

배추김치 pickled cabbages; fermented cabbages; cabbage *kimchi*; Chinese cabbage *kimchi*

백김치 white *kimchi*; *kimchi* without red peppers

보쌈김치 wrapped-up *kimchi*; *kimchi* wrapped in a large cabbage leaf like a bundle

신(신맛의) sour

열무김치 young radish *kimchi*

오이소박이 cucumber *kimchi*; hot-pickled cucumber *kimchi*; stuffed cucumber *kimchi*

유산(乳酸) lactic acid

Kimchi contains a number of lactic acids which are produced as it ferments. 김치는 발효할 때 생기는 많은 유산균을 함유하고 있다.

지방산 fatty acid

Black sesame is rich in essential fatty acids. 검은깨는 필수 지방산을 풍부하게 함유하고 있다.

총각김치 pony-tail *kimchi*; small radish *kimchi*

파김치 young green onion *kimchi*

포장김치 packed *kimchi*

Pre-packed *kimchi* is easily available at supermarkets. 포장김치는 슈퍼에서 쉽게 구할 수 있다.

불고기

간장 soy sauce

Ganjang, *gochujang*, and *doenjang* are three of the most important traditional seasonings in the Korean diet. 간장, 고추장, 된장은 한국 음식에서 가장 중요한 3가지 양념이다.

갈비 marinated short ribs
갈비구이 charbroiled marinated short ribs
갈비찜 steamed short ribs, short ribs steamed with traditional seasonings

구이 a roasted dish; a broiled dish; a grilled dish
통돼지구이 roast pork
통닭구이 roast chicken

숯불구이 charbroiled food
생선구이 grilled fish

깨 sesame
깨소금 sesame salt

깻잎 a sesame leaf

돼지고기 pork

된장 soybean paste

마늘 garlic

무 a radish; a turnip
무채 shredded radish

밤 a chestnut

배 a Korean pear

버섯 a mushroom

불고기 marinated beef strips (cooked over charcoal); barbecued beef strips
상추 lettuce; green leaf lettuce; red leaf lettuce

Bulgogi and *galbi* are often served with lettuce, sesame leaves and garlic. 불고기와 갈비는 보통 상추, 깻잎, 마늘이 같이 나온다.

생강 a ginger; a ginger root

쇠고기 beef

쌈 cooked rice or meat wrapped in vegetable leaves
상추쌈 lettuce-wrapped rice or meat
Ssam is one of the simplest ways of balancing meat and vegetables. 쌈은 고기와 야채의 균형을 맞추는 가장 간편한 식사법의 하나이다.

양념 seasonings
양념장 marinade(서양요리에서 고기나 생선을 부드럽게 하거나 특별한 맛을 내기 위해 요리 전에 담가 놓는 것으로 동식물성 기름, 포도주, 향료 등을 섞어서 만든다.)

양파 an onion

요리 a dish (개별 음식, 접시에 담은 음식)
* cuisine은 특정 국가의 요리를 총칭할 때 쓰임
Korean / Japanese / Italian cuisine

조리법 a recipe

찜 steamed food; a dish steamed with traditional seasonings

참기름 sesame oil

파 a green onion
파전 a green onion pancake; a pan-fried green onion pancake; a Korean pizza

후춧가루 ground black pepper

비빔밥

가지 an eggplant(미국식)**; an aubergine**(영국식)

계란 프라이 a fried egg

고사리 a bracken

고추장 red pepper paste; hot pepper paste; hot pepper soybean paste
고추 a red pepper; a chilli pepper
고춧가루 a ground red pepper; red pepper powder; chilli powder

국, 탕 soup

된장 soybean paste
된장국 bean paste soup

밥 cooked rice; boiled rice; steamed rice
Bap is cooked by boiling plain rice in water, and then steaming it. 밥은 일반 쌀을 물에 넣어 끓인 후 뜸을 들여서 만든다.

보리 barley
Barley is a staple of Korean diet together with rice. 보리는 쌀과 함께 한국 음식의 주식이다.

보리밥 cooked barley; boiled barley

비빔밥 cooked rice with assorted
vegetables; mixed vegetables on rice
돌솥비빔밥 *bibimbap* in a heated earthen
bowl.
산채비빔밥 cooked rice with wild vegetables

삶은 계란 a boiled egg
반숙 a half-boiled egg
완숙 a hard-boiled egg

시금치 spinach

잡곡밥 steamed rice with various other
grains

채식주의자 a vegetarian
채식주의자 음식 a vegetarian dish

콩나물 bean sprouts
콩나물무침 seasoned bean sprouts
숙주나물 mung-bean sprouts

냉면

겨자 hot mustard

냉면 cold noodles; buckwheat noodles
in chilled beef broth

메밀국수 buckwheat noodles

밀 wheat

비빔냉면 cold noodles mixed with spicy
seasonings

식초 vinegar

육수 meat broth
닭고기 육수 chicken broth
쇠고기 육수 beef broth

떡

가래떡 a long stick rice cake; a stick-like
rice cake

관개시설 an irrigation system

농기구 farming tools

농업 agriculture

농업사회 agricultural society; agrarian
society

떡 rice cake

송편 rice cake steamed on pine needles;
a crescent-shaped rice cake;
a half-moon shaped rice cake;
rice cake stuffed with beans,
sesame, honey, and chestnuts

시루떡 rice cake covered with red beans

쌀, 밥 rice
Rice is the staple of the Korean diet.
밥은 한국식사의 주식이다.

쌀가루 ground rice; rice powder

쌀농사 rice farming; rice cultivation

쑥떡 a steamed mugwort rice cake

약식 a sweet rice cake;
a chewy bar made of glutinous rice
mixed with honey, dates, and
chestnuts

유과 fried cookies made from glutinous
rice powder

유밀과 fried honey cookies

인절미 a sweet rice cake covered with
bean powder

절편 flat rice cakes pressed in flower-
shaped molds

찹쌀 glutinous rice; sweet rice

한과 Korean sweets and cookies

전골

나물 seasoned vegetables; cooked vegetables

낙지전골 octopus *jeongol*; an octopus casserole; an octopus stew

두부 bean curd; tofu

미나리 a dropwort (similar to parsley)

버섯전골 mushroom *jeongol*

쇠고기전골 beef *jeongol*; a beef casserole; a Korean beef stew

전골 a kind of soup with a variety of vegetables in it; a casserole; (a) stew

> *Jeongol* and *jjigae* contain less water and more ingredients than soup. 전골과 찌개는 국보다 물이 적고 재료가 많이 들어간다.

찌개 (a) stew

된장찌개 soybean paste stew

> *Doenjang jjigae* is one of the most popular stews. 된장찌개는 가장 인기 있는 찌개 중의 하나이다.

해물전골 seafood *jeongol*; a seafood casserole; a seafood stew

모듬전골 assorted *jeongol*; an assorted casserole; an assorted stew

한정식

김 dried seaweed

김밥 cooked rice rolled in seaweed

묵 jelly

녹두묵 green-pea jelly
도토리묵 acorn jelly
메밀묵 buckwheat jelly

반찬 a side dish

> *Namul* is Korea's most popular side dish. 나물은 한국의 가장 보편적인 반찬이다.

생선회 sliced raw fish; raw fish strips

> Raw fish goes well with drinks. 생선회는 술과 잘 어울린다.

수정과 cinnamon punch with dried persimmon; cinnamon-flavored persimmon punch

식혜 sweet rice drink; sweet rice punch

육회 sliced raw beef; minced raw beef (mixed with traditional seasonings)

잡채 thin noodles mixed with seasoned vegetables and a little beef

전 pan-fried food

젓갈 salt fermented seafood; salted fish or fish organs

멸치젓 salted anchovies
새우젓 salted shrimp
조개젓 salted clams

> *Jeotgal* is often used as a seasoning for *kimchi*. 젓갈은 종종 김치 양념에 쓰인다.

조림 boiled food in soy-sauce

장조림 boiled beef in soy-sauce
생선조림 boiled fish in soy-sauce

> Boiling in soy sauce is a time-honored technique for the preservation of food. 간장에 조리는 것은 음식의 보존을 위해 오랫동안 사용해온 기술이다.

주식(主食) main food; staple food; staple diet

차 tea

인삼차 ginseng tea
유자차 citron tea

녹차 green tea
생강차 ginger tea
쌍화차 a kind of tea containing fruits, dates, chestnuts, other nuts and honey

한정식 a fixed meal set

화채 a fruit drink; a traditional cold beverage

식사예절

두 손으로 with both hands
> We hold a glass with both hands when offered a drink by an elderly person. 우리는 연장자가 술을 권하면 두 손으로 잔을 들어요.

숟가락 a spoon

술을 권하다 to offer a drink

식사예절 table manners

젓가락 chopsticks

연장자 an elderly person

웃어른 elders

음주예절 drinking manners

이쑤시개 a toothpick

코를 풀다 to blow one's nose
> In Korea, it is impolite to blow your nose at the table. 한국에서 식사 도중 코를 푸는 것은 실례이다.

코스음식 a course meal
> Some Korean restaurants serve course meals in order to meet the needs of Westerners. 일부 한국 식당들은 서구인의 욕구에 맞추기 위해 식사를 코스별로 제공한다.

기타

곰탕 beef bone soup; thick beef soup

꼬리곰탕 ox-tail soup

도미(감성돔, 옥돔 등) a sea bream

감자 a potato

고구마 a sweet potato

고등어 a mackerel

국그릇 a soup bowl

굴 an oyster

땅콩 a peanut

막걸리(탁주) unfiltered rice wine; crude rice wine
농주 a different name for *makgeolli*; literally meaning farmers' wine
청주 refined *makgeolli*; refined rice wine

명절음식 traditional holiday foods; special holiday foods

미숫가루 powder made from several roasted grains

미역국 seaweed soup

미음 thin rice gruel (often given to patients)
> It is made from whole grains of rice, which are boiled in water, then pressed through a sieve. 미음은 곡식 알갱이를 물에 끓인 후 체에 밭여 만든다.

밥그릇 a rice bowl

보약 restorative medicine; tonic medicine

부추 a leek

삼계탕 chicken soup; chicken soup with ginseng; ginseng chicken soup; a kind of soup made with chicken stuffed with ginseng, rice, dates, chestnuts, pine nuts and ginger.

소주 Korean distilled liquor; distilled liquor made from fermented yeast and rice

순대 Korean sausage

숭늉 scorched-rice tea; boiled water in a rice cooker

연근 a lotus root

육개장 spicy beef and vegetable soup; peppery beef soup

잣 pine-nuts

전복 an abalone

조개 a clam

죽 gruel; porridge
잣죽 pine-nut gruel / porridge
전복죽 abalone gruel / porridge
팥죽 red bean gruel / porridge
호박죽 pumpkin gruel / porridge

죽순 a bamboo shoot

콩나물국 bean-sprout soup

호두 a walnut

호박 a squash; a zucchini; a pumpkin

2. 전통문화

명절

강강술래 a circle dance

널뛰기 a Korean seesaw game; a traditional Korean seesaw game

농사 farming
농사일 farm work

농업 agriculture
농경문화 agrarian culture

달맞이 full-moon watching (on the First Full-Moon Day)
달맞이 가다 to go full-moon watching

떡국 rice cake soup

만두국 dumpling soup

무덤 a tomb; a grave; a grave site; a graveyard

민속놀이 a traditional game; a folk game

벌초 pulling out weeds at the grave sites; weeding

부럼깨기 nut cracking

샅바 a long cloth tied around the waist and upper thigh in a *ssireum* competition

설날 New Year's Day; Lunar New Year's Day; New Year's Day of the lunar calendar; Korean New Year' s holiday

성묘 a visit to the ancestral graves
성묘가다 to go to the ancestral graves; to pay / make a visit to the ancestral graves

세배 a deep bow to the elders; a New Year's bow; a formal bow of respect to the elders
세배하다 to perform deep bows to one's elders

씨름 Korean wrestling; traditional Korean wrestling

연날리기 kite flying
전통 연날리기 대회 a traditional kite flying

contest

오곡밥 five-grain rice; steamed rice with five grains

위패 a memorial tablet; a spirit tablet
조상의 위패 a memorial tablet of the ancestors, an ancestral tablet
고인의 위패 a memorial tablet of the deceased

윷놀이 a four stick game

음력 the lunar calendar
음력으로 by the lunar calendar, according to the lunar calendar

전통놀이 a traditional game

전통의상 a traditional costume; traditional clothes

정월대보름 First Full-Moon Day

제기차기 a game using a shuttlecock with one foot

제사 an ancestral rite;
an ancestor memorial rite;
a ritual service for ancestors;
an ancestor memorial ceremony

제사를 드리다 to perform a ritual service for ancestors; to perform an ancestral rite; to perform an ancestor memorial ceremony; to perform a ceremony for ancestors; to hold a memorial service for ancestors

조상 an ancestor
조상 숭배 ancestor worship

줄다리기 a tug-of-war

쥐불놀이 Rat Fire Play; a play with fire on the First Full-Moon Day

지신밟기 treading the soil of god

추석 Harvest Moon Day; Harvest Moon Festival; Korean Thanksgiving Day

큰절 a deep bow
큰절을 올리다 to perform deep bows

풍년 an year's good harvest; a good harvest of the year

전통혼례

가마 a sedan chair; a kind of sedan carried on poles by people

결혼식 a wedding; a wedding ceremony
전통혼례 a traditional wedding ceremony
전통혼례 예복 a traditional wedding dress
결혼식장 a wedding hall

관습 a custom

교배례 exchanging of bows; the exchange of bows

궁합 marital harmony; mutual compatibility between the prospective bride and groom

기러기 a goose
The Goose symbolizes a happy marriage because it is faithful to its mate throughout life. 기러기는 평생 자기 짝에게 충실하기 때문에 행복한 결혼을 상징한다.

두루마기 a traditional overcoat;
a traditional long coat

띠 animal bands; oriental animal bands; oriental zodiac animals

마고자 a traditional outer-jacket

바지(한복) baggy pants

보자기 a wrapping cloth

사모 a ceremonial hat worn by a groom; a hat worn by officials during the

Joseon dynasty

관대 a robe and a girdle worn by court officials during the Joseon dynasty, a ceremonial robe and a girdle worn by a groom

사주 Four Pillars; birth information

사주팔자 Four Pillars and Eight Characters Birth information that is believed to determine one's fortune

송죽화병 pine and bamboo arrangement

수탉 a rooster

신랑 a groom; a bridegroom

신부 a bride

암탉 a hen

연애결혼 a love match

저고리 a jacket; a Korean-style jacket or coat

전통 a tradition

족두리 a black headpiece (worn by a bride on her head)

중매 match making
중매장이 a matchmaker

정혼 an arranged marriage

치마 a skirt

한국 민속촌 Korean Folk Village

한복 a traditional Korean costume;
a traditional Korean dress;
traditional Korean clothing

함 a chest of bridal gifts;
a box containing gifts sent to the bride's house

합근례 exchanging of wine cups;
the exchange of wine cups

태극기·음양사상

국가 a national anthem

국기 a national flag

국화 a national flower

동양사상 oriental thoughts;
oriental philosophy

동양의학 oriental medicine

뜸(뜸질) moxibustion

무궁화 Rose of Sharon

사괘 the bars in each corner of the flag; the bars around the *taegeuk* circle

우주의 조화 harmony in the universe

음양 yin and yang; *eum* and *yang*
음 negative forces
양 positive forces
음양의 원리 the principle of yin and yang

오행 the five primary elements (in oriental philosophy)
금(金) metal
목(木) wood
수(水) water
화(火) fire
토(土) earth

음양오행설 the principles of yin-yang and the five elements

이(理) reason; li
기(氣) energy, chi, the life force

점 fortune-telling
점쟁이 a fortune-teller

점성술 astrology; horoscope

치료 treatment; medical treatment

전통치료법 traditional medical treatment

침술사 an acupuncturist

태극 a *taegeuk* circle; the Great Ultimate

한약 herbal medicine

한의사 a traditional doctor; a doctor of traditional Korean medicine

한의학(한방) traditional Korean medicine

한의원 a traditional herb clinic; a traditional medicine clinic; a(n) herbal medicine clinic; an acupuncturist (an acupuncture clinic)

전통음악

가면극 a masked drama; a masked dance drama

가야금 a Korean twelve-string floor harp; a Korean twelve-string zither

거문고 a Korean six-string floor harp; a Korean six-string zither

고수 a single drummer; a drummer accompanist in *pansori*

국립국악원 The Center for Korean Traditional Performing Arts

국악 classical Korean music

꽹과리 a small gong

나발 a traditional Korean brass trumpet

농악 farmers' music; farmers' music and dance; traditional farmers' music

명창 a professional *pansori* singer

무속음악 shamanistic ritual music

민속음악 Korean folk music; Korean traditional folk music

민속춤 a traditional dance

민요 a Korean folk song

북 a barrel drum

사물놀이 traditional (neo-traditional) percussion quartet music

산조 improvised solo instrumental music

소고 a small drum

수궁가 The Song of the Undersea Palace

심청가 The Song of Simcheong; The Song of the Devoted Daughter

아악(문묘제례악) Confucian ritual music; Confucian ceremonial music

오음계 a five note scale

인류무형유산걸작 Masterpiece of the Human Intangible Heritage (by UNESCO)

잡가 a folk ballad

장구 an hourglass drum

적벽가 The Song of the Jeokbyuk Battle

전통음악 traditional Korean music

제례악 ritual music; Confucian ceremonial music; Confucian music and dance

징 a large gong

창극 a Korean opera; folk opera; modern *pansori*

춘향가 The Song of Chunhyang

탈춤 a masked dance; a mask dance

태평소 a Korean oboe

판소리 a traditional Korean narrative song; a traditional story telling song; a dramatic narrative performed by a solo singer

피리 a cylindrical oboe

흥부가 The Song of Heungbu; The Song of the Good and Bad Brothers

종교

1) 불교

국경일 a national holiday

경전 a sutra; a scripture
반야경 The Wisdom Sutra

극락전 The Hall of Paradise

내세 afterlife

다비식 a cremation ceremony

대승불교 Mahayana
소승불교 Hinayana

대장경 a complete collection of Buddhist texts; an entire Buddhist canon

목판 a woodblock

범종 a temple bell

법고 a temple drum

보살 a bodhisattva
관세음보살 Bodhisattva of Mercy
미륵보살 Maitreya Bodhisattva, the Buddha of the Future

보시 almsgiving; giving things to others in need

불교의 가르침 Buddha's teachings

불교 Buddhism
선종 Zen Buddhism
교종 Textual Buddhism, non-Zen sects of Buddhism

불자(불교신자) a Buddhist

사리 colored beads; sarira

석가모니 Sakyamuni; Shakyamuni; Buddha

석가탄신일 Buddha's Birthday

세속적인 욕망 worldly desires

승려 a monk; a Buddhist monk

연꽃 a lotus flower

연등행렬 a lantern parade; a lantern procession

열반 Nirvana

윤회 reincarnation

종교 a religion

해탈 enlightenment; salvation

현세 present life

2) 기독교

개종하다 to convert
개종자 a convert
　　He converted to Christianity.
　　그는 기독교로 개종하였다.

교회 a church

구교 Catholic; Catholicism

기독교 Christianity

기독교인 a Christian

기독교 신앙 Christian faith

목사 a pastor; a minister

박해 persecution
박해하다 to persecute
　　The Joseon government persecuted Catholics from time to time.
　　조선조정은 때때로 천주교도를 박해했다.

사적 a Historic Site

서학 Western Learning
동학 Eastern Learning

선교사 a missionary

성경 the Bible; bible
구약 the Old Testament
신약 the New Testament

성당 a cathedral; a Catholic church

순교하다 to martyr
순교자 a martyr
He was martyred when he refused to give
up his religion. 그는 종교를 포기하는 것을 거
부하였을 때 순교를 당했다.

신부 a priest; a father

시성하다(사후에 성인으로 추대하다) to canonize
Pope John Paul canonized 93 Koreans
and 10 French missionaries when he
visited Seoul in 1984. 존 폴 교황은 1984년
서울을 방문하였을 때 93명의 한국인과 10명의
프랑스 선교사를 성인으로 추대하였다.

신교(개신교) a Protestant

자유평등 사상 the idea of freedom and
equality

장로교회 the Presbyterian church
감리교회 the Methodist church
침례교회 the Baptist church

처형하다 to execute
Yun Si-Chung and Kwon Sang-Yeon
were executed for refusing to perform
ancestral rites in 1791. 윤시충과 권상연은
1791년 제사를 거부하여 처형되었다.

천주실의 True Principles of Catholicism

체포하다 to arrest

3) 유교

공자 Confucius

국교 a state religion

도교 Taoism

사농공상 the traditional four classes of
Korean society; scholars; farmers;
artisans and merchants

사서삼경 the main Confucian texts; The
Confucian Four Books and Three
Classics
사서 논어 The Analects (Discourses) of
　　　　Confucius
　　　맹자 The Analects (Discourses) of
　　　　Mencius
　　　중용 The Doctrine of the Mean
　　　대학 The Great Learning
삼경 시경 The Book of Odes
　　　서경 The Book of History
　　　역경 The Book of Change, Book of
　　　　Divination

사당 a shrine

사대부 a scholar-official; an illustrious
official

사회규범 a social norm

사회도덕 social morals

삼강오륜 The Three Bonds and the Five
Moral Disciplines; The Three
Fundamental Principles and Five
Cardinal Moral Disciplines; Confucian
ideals of social conduct
삼강 군위신강 (Subjects should obey their
　　　kings.), 부위부강(A wife should obey her
　　　husband.), 부위자강 (Children should
　　　obey their parents.)
오륜 군신유의 (righteousness between king
　　　and subject), 부자유친 (affection bet-
　　　ween parents and children), 부부유별
　　　(distinction between husband and
　　　wife), 장유유서 (precedence of the elder
　　　over the younger), 붕우유신(loyalty
　　　among friends)

선비 a learned man; an educated man; a

man of character and knowledge; a Neo-Confucian scholar

> *Seonbi* devoted themselves to learning and the "right" way. 선비는 학문과 올바른 길에 자신을 받쳤다.

> The Korean word *seonbi* refers to a person of knowledge and good bearing. 한국말로 선비는 지식과 올바른 행실을 겸비한 사람을 일컫는다.

신분제도 a class system; a social status structure

엄격한 신분제도 a strict class system
엄격한 신분사회 a strict class society

실학 The Practical Learning

실학운동 The Practical Learning Movement

어가행렬 a Royal Procession;
a Re-enactment of the Royal Procession;
a King's Procession;
a Royal Carriage Procession

유교 Confucianism

유교의 Confucian
유교적 가치 Confucian values
유교적 도덕 Confucian morals
유교적 전통 a Confucian tradition
유교적 가르침 Confucian teachings
유교적 윤리 Confucian ethics
유교적 의식(儀式) a Confucian rite

의(義) righteousness; justice

인(仁) humaneness; charity

> The Chinese character '仁' (*'in'* in Korean or 'ren' in Chinese) literally represents the relationship between "two persons." It means co-humanity – living together humanely rather than fighting like birds or beasts.
> 한자의 '仁' 은 두 사람간의 관계를 나타낸다. 그것은 인간의 공존을 의미한다. 즉 새나 짐승처럼 싸우지 않고 인간적인 애정으로 함께 사는 것을 의미한다.

제례의식 a rite; a ceremonial rite

족보 a family tree book; genealogy

종묘제례(종묘대제) Jongmyo Royal Ancestral Memorial Rites

충(忠) loyalty

효(孝) filial duty

> Filial duty was the ultimate social virtue in the Joseon society.
> 효는 조선사회에서 궁극적인 사회 덕목이었다.

4) 샤머니즘

강신무(신이 내려 무당이 된 사람) a possessed shaman

굿 a shamanistic rite; a shaman rite; a shaman s ceremony; an exorcism rite

무당 a shaman; a professional spiritual mediator

만신 a female shaman
박수 a male shaman

무속음악 shaman ritual music

미신 superstition

미신적인 superstitious

> Many people think that shamanism is superstitious. 많은 사람들은 샤머니즘이 미신적이라고 생각하고 있다.

세습무(혈통에 의해 무당이 된 사람) a hereditary shaman

샤머니즘(무속신앙) Shamanism;
an indigenous folk religion of Korea

> Shamanism is an indigenous religion of Korea. 샤머니즘은 한국의 토속신앙이다.

수호신 a guardian spirit; a tutelary spirit

신들림 spiritual possession

악령 an evil spirit

> Shaman rites are performed to expel evil spirits. 굿은 악령을 쫓아내기 위해 행해진다.

장승 a Korean totem pole; a village guardian
천하대장군 Great General Under Heaven
지하여장군 Great Woman General Underground

3. 관광지

고궁 a palace; an old palace

골프장 a golf course

관광단지 a resort complex

관광지 a tourist destination; a tourist place; a tourist attraction; a sightseeing place

국립공원 a National Park

국립박물관 a National Museum
국립민속박물관 National Folk Museum

국보 a National Treasure
보물 a Treasure
사적 a Historic Site
명승 a Scenic Site

기암괴석 an unusual rock formation

다보탑 The Pagoda of Many Treasures

대웅전 a main hall; a prayer hall; the hall of great enlightenment

동굴사원 a cave temple
인조 동굴사원 an artificial cave temple

등산 mountain climbing

레크리에이션 시설 recreational facilities

무인도 an uninhabited island
유인도 an inhabited island

민속마을(민속촌) a folk village; a traditional folk village

부도 a stupa; a stone stupa

불교예술 Buddhist art

불상 a Buddhist statue; a Buddhist figure; a Buddhist image; an image of Buddha

법당 a lecture hall

사신 an envoy

사천왕문 The Gate of the Four Heavenly Kings; The Gate of the Four Heavenly Guardians

생태보존지구 Biosphere Reserve (by UNESCO)

석가탑 The Pagoda of Buddha
불국사 삼층석탑 The Three Story Stone Pagoda of Bulguksa

석굴암 Seokguram Grotto; Seokguram Grotto Shrine

석등 a stone lantern

석탑 a stone pagoda
전탑 a brick pagoda
목탑 a wooden pagoda

세계문화유산 World Heritage (by UNESCO)

식물원 a botanical garden

암자 a hermitage; a small Buddhist monastery

여가활동 leisure activities

연회 a banquet; a party

용암동굴 a lava cave

유물 a relic; an artifact (artefact)

유적 a place of historical interests; a historical site; ruins; remains

인조 연못 an artificial pond

일주문 A Single Pillar Gate; A One Pillar Gate; The First Gate; An Entrance Gate

전각 halls and pavilions

절 a temple; a Buddhist temple; a monastery

종각 a bell pavilion

종묘 Royal Shrine; Royal Ancestral Shrine

조계사 Jogye Temple
조계종 Korean Zen sect, the largest Buddhist sect in Korea

포로수용소 a POW (prisoner of war) camp

풍경(風磬) wind chimes (hanging from the temple eaves)

해양스포츠 marine sports

해인사 Haeinsa Temple; Haein Temple

해탈문 An Enlightenment Gate; A Salvation Gate

4. 쇼핑

고려청자 Goryeo celadon

골동품 antiques; curios

관광특구 Special Tourism Zone; Special Tourist Zone

기념품 a souvenir

나전칠기 lacquerware decorated with sea shells

노점상 a street vendor

도매시장 a wholesale market
도매상 a wholesaler

도자기 pottery; ceramic ware; ceramics

돗자리 a mat; a rush mat; a woven mat
멍석 a straw mat

맞춤양복 a custom-made suit

면세점 a duty-free shop

모조품 a counterfeit; a fake

민화 a folk painting

뱀장어가죽 제품 an eel-skin product

보석함 a jewelry box

부가가치세 VAT (Value Added Tax)

산삼 mountain ginseng; a wild ginseng root

선물 a gift; a present

소매시장 a retail market
소매상 a retailer

식당가(간이 식당가) a food court; a food plaza; eateries
극장식당 a theater restaurant
민속음식점 an ethnic restaurant (ex. Thai, Indian, Turkish, Vietnamese restaurants)
전문음식점 a specialty restaurant

심마니 a wild ginseng gatherer; a wild ginseng finder

유행상품 fashion items; trendy goods

인삼 ginseng

인삼엑기스 ginseng extracts, ginseng liquid extracts

인삼분말 ginseng powder

인삼차 ginseng tea

> After insam is harvested, the field is left empty for a long time because it absorbs all the nutritions from the soil.
> 인삼은 땅속의 자양분을 모두 흡수하기 때문에 수확 후 오랜 기간 동안 경작지를 그대로 놓아둔다.

자수품 embroidery

장신구 personal ornaments; accessories

전자상가 an electronics market; an electronics district

전자제품 electronics; electronic goods; electronic items

첨단 전자제품 high-tech electronics; state-of-the-art electronic goods; sophisticated electronic goods

전통공예품 traditional craft products

전통수공예품 traditional handicrafts

전통시장 a traditional market; a conventional market

전통상품 traditional goods

전통찻집 a traditional tea house

정찰제 a fixed price system; a set price system; a price-tag system

정찰제로 팔다 to sell at a set price; to sell at a labeled price; to sell at a marked price

죽제품 a bamboo product

짚신 straw sandals; straw shoes

칠기 lacquerware

탈 a mask

전통탈 a traditional mask

하회탈 Hahoe Masks

특산물 a local specialty; a product

indigenous to a particular locale

풍속화 a genre painting; a genre picture

할인 a discount

10% 할인 a 10% discount; 10% off the regular price

화문석 a rush mat with a flower pattern

흥정하다 to bargain; to barter; to negotiate; to haggle

5. 역사

근현대사(경술국치 이후)

조선총독부 the Japanese government during its occupation of Korea; the Japanese colonial government in Korea

조선총독부 건물 the Japanese government building during its occupation of Korea

경제개발 5개년계획 The Five-Year Economic Development Plan

경제발전 economic development

판문점 Panmunjeom; the Joint Security Area (JSA)

한국전쟁 the Korean War

삼일운동 The March First Movement; The Independence Movement on March First; 1919

식민통치 a colonial rule

군대 an army

냉전 the cold war

국토의 분단 separation of the country

정치적 혼란 political turmoil

퇴역장성 an ex-general

자본주의 capitalism

공산주의 communism

통일 unification

천연자원 natural resources

원자재 raw materials

산업화 industrialization

수출 (an) export

수입 (an) import

경공업 light industry

중공업 heavy industry

조선시대

갑신정변 The Coup d'Etat of 1884

갑오경장 The Reform of 1894

강화도조약 The Treaty of Ganghwa in 1876

거북선 The Iron-clad Turtle Ship
세계 최초의 철갑선 the world's first armoured ship

당쟁 factional quarrels; factional strifes

도공 a potter

명나라 Ming China

박해 persecution
Christianity was a target of persecution in Joseon. 조선시대에 기독교는 박해의 대상이었다.

병자수호조약 The Treaty of Friendship in 1876

서원 a Confucian school; a Confucian academy

쇄국정책 an isolation policy

양반 the two classes of nobility; the civil and military officials in the Joseon dynasty; the aristocratic class in the Joseon dynasty

상민 commoners; ordinary people

천민 low class people; slaves

을사보호조약 The Treaty of Protection of 1905
With this treaty, Korea was to consult Japan on matters relating to foreign affairs. 이 조약으로 한국은 외교와 관련된 문제를 일본과 상의해야만 했다.

음성언어 a phonetic language
모음 a vowel
자음 a consonant
Each letter in *Hangeul* represents a sound. 한글의 각 글자는 음성을 나타낸다.

Each consonant shows the position of the "speech organs" the lips, mouth, or tongue. 자음은 입술, 입, 혀와 같은 발성기관의 위치를 보여주고 있다.

일본의 한국 합병 Japan's annexation of Korea
일본의 한국 점령 Japan's occupation of Korea
일본의 제국주의 Japan's imperialism

임진왜란 Japanese invasion of 1592; Japanese invasion in the 16th century

조선백자(이조백자) a white porcelain; Yi dynasty white porcelain

조선왕조실록 Annals of the Joseon Dynasty

청나라 Ching China

한일합방조약 The Annexation Treaty of 1910

훈민정음 Teaching Proper Sound to People; *Hunmin Jeong-eum* Manuscript

효자 a loyal son to his parents; a dutiful son

효녀 a loyal daughter to her parents, a dutiful daughter, a devoted daughter
효부 a loyal daughter-in-law, a dutiful daughter-in-law

한글 the Korean alphabet

The Korean alphabet is made of phonetic letters just like English.
한글은 영어와 같이 음성문자로 이루어져 있다.

문맹률 illiteracy rate

고려

거란족 the Khitans; the Kitans
요왕조 the Liao dynasty, the Khitan Liao dynasty

고려도공 Goryeo potters
고려장인 Goryeo artisans

고려왕조 the Goryeo dynasty

고려청자 Goryeo celadon; jade-colored celadon; pale green porcelain

과거 a civil service examination; a state examination; a Confucian examination

금속활자 a movable metal type

목판인쇄 woodblock printing
목판인쇄술 the art of woodblock printing

몽고족 the Mongols

북진정책 a northern expansion policy; a policy of recovering the ancient territories of the Goguryeo kingdom

불경 a Buddhist scripture; a sutra

상감기법 an inlay method
상감청자 inlaid pale green pottery

세계기록유산 a Memory of the World (by UNESCO)

송나라 Sung China

여진족 the Jurchen
금왕조 the Chin dynasty

직지심경(직지심체요절) The Anthology of Great Buddhist Priests' Zen Teachings

청자 celadon

팔만대장경 Tripitaka Koreana (유네스코의 공식명칭이며 Tripitaka는 산스크리트어로 3개의 광주리를 의미하며 불경, 율법, 강론 등 불교 가르침의 3대 분야를 가리킨다.)

통일신라와 발해

골품제 the bone-rank system; a strict class system in the Silla period; a strict social status system in Silla
진골 the true-bone (rank / class)
성골 the holy-bone (rank / class)

금관 a gold crown
금귀거리 a gold earring
금동관 a gilt-bronze crown
금요대(금허리띠) a gold girdle
금팔찌 a gold bracelet

남북국시대 The Northern and Southern Kingdoms period

당나라 Tang China

박물관 a museum
담장 없는 박물관 The Museum Without Walls

발해 the Balhae kingdom; Kingdom of Balhae

우호관계 friendly relationship

전성기 peak days; heyday

지배계층 a ruling class

천마도 Flying Horse Painting;
The Painting of a Flying Horse

통일 unification
통일하다 to unify
통일된 unified
통일국가 a unified nation

평화와 번영 peace and prosperity

해동성국 The Flourishing Land in the East

후삼국 The Later Three Kingdoms
후고구려 Later Goguryeo
후백제 Later Baekje

화랑도 the young warriors in the Silla
Kingdom; The Youth Corps with flowers
on their helmets; Flower Youth Corps

삼국시대

고분 an ancient tomb; an old tomb

광개토왕비 The Great Stele of King
Gwangaeto; The Giant Tablet of King
Gwangaeto

국교 the state religion

군사동맹 a military alliance

금동미륵반가상 a gilt bronze half-seated
Maitreya in a meditation pose

나당연합군 The Allied Forces of Silla and
Tang China

내분 an internal strife; an internal trouble

벽화 a mural painting
벽화고분 a wall-painted tomb, a tomb with

paintings on the wall
화살촉(살촉) an arrowhead

삼국사기 Historical Records of the Three
Kingdoms
삼국유사 Unofficial Historical Records of the
Three Kingdoms

삼국시대 the Three Kingdoms period

영토 territory
영토 확장 expansion of territory, territorial
expansion

온돌 a heated stone floor; a Korean floor
heater
온돌장치 the traditional heating system of
Korea

전시실 an exhibition hall
미술품 전시실 a gallery

태권도 the traditional martial art of Korea

한반도 the Korean peninsula

해상무역 sea trade

고조선

고조선 Old Joseon; Ancient Kingdom of
Korea

구석기시대 the Paleolithic Age; the Old
Stone Age
청동기시대 the Bronze Age
신석기시대 the Neolithic Age

고인돌(지석묘) a dolmen; an ancient burial
place
상석 a cap stone
지석 a supporting stone

부족국가 a tribal state; a small town-state

선사시대 the prehistoric period

쑥 a mugwort

시조 the founder

씨족사회 a clan community

신화 a myth

홍익사상 the idea of humanitarian love; the idea of helping people; the idea of promoting human welfare
홍익인간의 이상 a humanitarian ideal; the ideal of becoming a humanitarian person

환인 the Heavenly King; the God of Heaven; the Lord of Heaven
환웅 the Heavenly Son

기타

공물 a tribute
조공국(속국) a tributary

남녀칠세부동석 Starting at the age of seven boys and girls should not sit together; At the age of seven, boys and girls should cease to sit side by side.

노리개 a pendant; tradition Korean ornaments worn by women

단청 Korean-style decorative coloring (red; blue; yellow; white and black)

대한민국 임시정부 The Provisional Government of Korea

동방예의지국 The Land of Courtesy in the East

문화재 a cultural asset
유형문화재 a tangible cultural asset
무형문화재 an intangible cultural asset

문화유산 a cultural heritage; a cultural legacy

부장품 a burial object

빗살무늬토기 comb pattern pottery

사군자 the four noble gentlemen (in painting); four cardinal subjects
매화 plum blossom
난 oriental orchid
국 chrysanthemum
죽 bamboo

시조(時調) a three-line Korean poem; three-line Korean poetry

옥 jade

적석총 a stone mound tomb

절기 the 24 seasonal divisions of the year in the lunar calendar; subdivisions of the seasons; the 24 lunar terms

초가집 a thatched roof house
한옥(기와집) a house with a tiled roof

초롱 a portable lantern; a hand lantern
청사초롱 a blue-silk covered lantern
홍사초롱 a red-silk covered lantern

패총 a shell mound

항렬 a generation marker

해태 a fire-eating beast; a fire-eating legendary animal